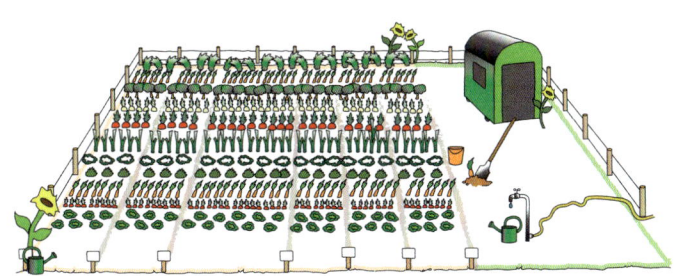

INHALT

LIEBE GARTENFREUNDINNEN UND -FREUNDE,

immer mehr Menschen möchten wissen, wo ihre Nahrung herkommt – der Wunsch nach vertrauenswürdigen Lebensmitteln wächst. Was gibt es also Schöneres, als das eigene Gemüse anzubauen? Das Großstadtleben ist dabei längst kein Hindernis mehr.

»meine ernte«: Wie alles begann

Bei uns, Wanda und Natalie, entstand das Bedürfnis nach Gemüse aus dem eigenen Garten im Jahr 2009. Wir hatten uns einige Jahre zuvor durch das Studium kennengelernt und beide durch einen glücklichen Zufall unseren Lebensmittelpunkt nach Bonn verlagert. Wir wohnten zentral in der Stadt, zwar mit Balkon, jedoch ohne Garten und so auch ohne die Möglichkeit, selbst etwas in größeren Mengen anzubauen. Schnell stellten wir fest, dass wir mit unserem Bedürfnis, die Hände in die Erde zu stecken, der Natur nahe zu sein und sich zumindest zu einem kleinen Teil selbst zu versorgen, nicht alleine waren.

So präsentierten wir unsere Idee, Gemüsegärten zu vermieten, den ersten Landwirten, die interessiert und begeistert waren. Der Stein kam ins Rollen und nach Wochen des Überlegens und Kalkulierens kündigten wir unsere Jobs in größeren Firmen, wagten den Schritt in die Selbstständigkeit und gründeten »meine ernte«.

»meine ernte« startete im ersten Jahr 2010 in sechs Großstädten. Wir waren gefühlt Tag und Nacht unterwegs, um unsere Gemüsegärten zu bewerben und Menschen von unserer Idee zu begeistern. Die ersten beiden Jahre waren anstrengend, denn wir haben alles selbst gemacht: die Internetseite designt, Anzeigen, Poster und Flyer gestaltet und verteilt, Veranstaltungen besucht, Kunden betreut, Buchhaltung geführt.

Zum Glück zahlte sich der Aufwand schnell aus. Denn das Echo war enorm: Es gab fast kein Medium, das nicht über »meine ernte« berichtete. Wir erinnern uns noch genau an eine der ersten Presseanfragen am 1. April 2010. CNN rief an und wollte einen Beitrag über uns bringen – wir dachten zunächst, es sei ein Aprilscherz. Als wir erfuhren, dass sie uns tatsächlich besuchen werden, waren wir überglücklich! Schnell sprach sich unsere Idee herum und es meldeten sich Interessenten aus ganz Deutschland, die uns fragten, wann wir denn in ihre Stadt kommen würden.

»meine ernte« heute

»meine ernte« ist inzwischen das bekannteste und größte Unternehmen in Deutschland, das am Rande von Großstädten Gemüsegärten vermietet. Wir haben den Trend des Urban Gardening in Deutschland stark geprägt. Inzwischen betreut das Team über 3 000 Gärtnerinnen und Gärtner, die den

Wunsch teilen, das Gemüse zu ernten, das sie gehegt und gepflegt, beim Wachsen beobachtet und frisch auf den Teller gebracht haben. Unsere Mietgärten gibt es an etwa 30 Standorten von Hamburg im Norden über Berlin im Osten, Aachen im Westen bis hin zu Frankfurt in der Mitte und Stuttgart im Süden. Das erfüllt uns mit Stolz!

Seit Beginn konnten wir unser Team erweitern: Wir werden heute durch drei Mitarbeiter – Kerstin, Markus und Tobi – sowie einige Aushilfen unterstützt. Jeder Mitarbeiter hat seine Stärken und bereichert unser Team enorm. Wir danken ihnen für ihren täglichen Einsatz und wissen, dass unser Erfolg ohne ihre Unterstützung nicht möglich wäre.

So funktioniert das Konzept von »meine ernte«: Die Gemüsegarten-Mieterinnen und -Mieter erhalten zu Saisonbeginn einen durch unsere landwirtschaftlichen Partnerbetriebe professionell vorbereiteten, bepflanzten und eingesäten Garten, den sie über die Saison betreuen und aus dem sie nach und nach und immer wieder ernten können. Ende April, Anfang Mai beginnt die Gartensaison und die Gärtner übernehmen ihr Stück Acker. Ab dann sind sie für die Pflege, das Gießen und die Ernte verantwortlich. Die Saison endet im Herbst Ende Oktober, Anfang November.

Alles, was der Gärtner benötigt, gibt es vor Ort: Gartengeräte in einer Hütte, Gießwasser und ein umfangreiches Betreuungsangebot wie einen regelmäßigen Gärtnerbrief per E-mail oder Sprechstunden mit den regionalen Landwirten. Auch online gibt es viele Tipps zum Nachlesen auf **www.meine-ernte.de**

Die Partner, mit denen wir zusammenarbeiten, sind sehr unterschiedlich, von Ackerbauern über Baumschulen und Pferdepensionen bis hin zu Gemüsebaubetrieben. Eines haben sie jedoch alle gemeinsam: Sie freuen sich, den Menschen ihren Beruf näherzubringen und ihnen im Rahmen der »meine ernte«-Gemüsegärten zu zeigen, wie die Natur funktioniert. Wir sind sehr froh, mit so wunderbaren Menschen zusammenarbeiten zu dürfen.

Und das haben unsere Gärtner davon

Die Gärtner genießen eine Saison lang unbelastetes Gemüse, das sie selbst angebaut haben –

frischer geht's nicht. Hinzu kommen die Rückbesinnung auf das Wesentliche und der Spaß am Ursprünglichen. Natürlich gibt es in jedem Garten im sogenannten Wunschbeet Platz für eigene Ideen und Aussaaten.

Alle »meine ernte«-Standorte sind idyllisch und ruhig gelegen, sodass man beim Gärtnern abschalten kann und Abstand vom hektischen Alltag findet. Die Gärten sind trotzdem stadtnah und mit öffentlichen Verkehrsmitteln zu erreichen.

Gärtnern ist ein Hobby, bei dem die ganze Familie mitmachen kann. Daher stellen wir zum Beispiel auch unseren kleinen Gärtnern Kindergartengeräte zur Verfügung. Uns ist es sehr wichtig, dass Kinder die Natur entdecken und lernen, wo unsere Lebensmittel herkommen.

Über dieses Buch

Die Vielzahl an Standorten, Gärtnern und örtlichen Besonderheiten sowie die Erfahrung von inzwischen mehr als sechs Jahren haben uns zu Experten für Fragen, Unsicherheiten und Herausforderungen, aber auch Erfolgserlebnisse von Neulingen

im Gemüsegarten werden lassen. Dieses Wissen möchten wir in Form dieses Buches an Sie weitergeben.

Wir wollen Ihnen den Einstieg in den Gemüseanbau im eigenen Garten erleichtern. Hierfür haben wir nach einer allgemeinen Einführung in die Grundlagen die relevanten Monate März bis November leicht verständlich nach typischen Tätigkeiten, die anfallen, zusammengestellt.

Darüber hinaus finden Sie in einigen Kapiteln QR-Codes. Wenn Sie ein Smartphone oder Tablet mit entsprechender App besitzen, können Sie diese Codes einfach einscannen. Sie werden dann zu interessanten kleinen Filmen mit weiteren Erläuterungen »direkt aus dem Beet« geführt.

Erleben Sie, dass Gärtnern glücklich macht – wir wünschen Ihnen eine tolle Gartensaison!

Natalie Kirchbaumer   Wanda Ganders

Ein bunter Gemüsegarten im Sommer –
bald wird auch Ihr Garten so aussehen.

BASICS FÜR

GARTENEINSTEIGER

Sie müssen nicht gleich mit einem riesengroßen Gemüsegarten beginnen. Fangen Sie klein an. Denn auch wenn die erste Ernte nur aus einer Handvoll Tomaten, Kartoffeln oder Möhren besteht – es ist Ihre Ernte! Mit unseren Infos, Tipps und Tricks wird Sie das Gartenfieber packen.

STANDORT UND LAGE IHRES GEMÜSEGARTENS

Steht Ihnen ein **sonniger, windgeschützter Platz** zur Verfügung, ist die Frage nach dem optimalen Platz schnell beantwortet: Dieser soll es sein. Denn fast alle Gemüsesorten lieben volle Sonneneinstrahlung. Insbesondere solche aus wärmeren Gegenden wie Zucchini, Kürbisse oder Bohnen sollten so viel Sonne wie möglich bekommen.

Sollte ein Teil des Gemüsegartens eher **in schattiger Lage** sein, ist der Anbau von Kohl, Spinat oder Möhren trotzdem einen Versuch wert. Allerdings ist zu beachten, dass dann höhere Nitratwerte – insbesondere bei Spinat, Salat, Kohl oder Rettich – auftreten können. Wie auch bei Wintersalat bildet sich vermehrt Nitrat, wenn Pflanzen zu wenig Licht zur Verfügung steht. Dieses kann sich im Körper zu Nitrit umbilden, das insbesondere bei Säuglingen und Kleinkindern als nicht ungefährlich gilt. Wenn Sie Stiele, Strünke, große Blattrippen und die äußeren Blätter entfernen, eher nachmittags und abends ernten und Ihr Gemüse beim Verzehr mit anderem Gemüse mit hohem Vitamin-C- und geringem Nitratgehalt kombinieren, wirken Sie Gesundheitsrisiken erfolgreich entgegen.

Befinden sich nur **kleine Teile des Gartens im Schatten**, bietet es sich an, hier einige Kräuter wie Basilikum, Petersilie oder Schnittlauch anzubauen – sie sind besser für diesen Standort geeignet. Stehen Ihnen verschiedene sonnige und windgeschützte Plätze zur Verfügung, kann die Entfernung zur Küche, zu einem Wasseranschluss oder zum Geräteschuppen in die Entscheidung einbezogen werden. Beachten Sie zudem, dass auch ein Baum Einfluss nimmt, der den geplanten Standort zwar nicht beschattet, jedoch durch seine Wurzeln ein Konkurrent für Wasser und Nährstoffe sein kann, wenn er zu nah am Gemüsegarten steht.

Die Grundfläche

Haben Sie dann den optimalen Platz für Ihren Gemüsegarten gefunden, sollten Sie sich im nächsten Schritt die Form der Grundfläche überlegen. Prinzipiell sind Ihrem Geschmack und Ihrer Fantasie dabei keine Grenzen gesetzt.

UNTEN Bei einer Beetbreite von 120 cm können Sie alle Pflanzen bequem erreichen.

Am praktischsten ist ein **rechteckiger Grundriss.** Hier können Beete und Wege leicht geplant werden. Weil Gemüse genügend Freiraum benötigt, um sich optimal zu entwickeln, sind die Pflanzabstände am einfachsten in rechteckigen Beeten umzusetzen. Die Reihen können parallel zueinander in bester Entfernung gezogen werden und der vorhandene Platz wird effizient genutzt. Profigärten im Erwerbsanbau sind praktisch immer rechteckig. Die Beete sind dort in der Regel 120 cm breit, dazwischen liegen Wege von etwa 30 cm. So kann das Beet von beiden Seiten erreicht und die Kultur mit Traktoren bearbeitet werden.

Weil Sie aber nicht auf Verkaufserlöse Ihrer Ernte angewiesen sind, können die Wege auch breiter gezogen werden. Überlegen Sie sich, ob Sie diese oft mit der Schubkarre befahren, Sie vielleicht mehr Platz für das Tragen von zwei Gießkannen benötigen oder sich schlichtweg nicht beengt fühlen wollen. Dann sollten Sie mehr Platz für die Wege einplanen. Gestalten Sie diese z. B. mit Mulch oder Holzplanken. Natürlich können Sie auch Gras säen oder die Erde über die Zeit festtreten.

Denkbar ist auch eine Mischform aus beispielsweise einem großen Kreuz aus breiten Wegen mit kleineren »Trampelpfaden« zwischen den Beeten in den einzelnen Parzellen.

Ein typischer **Bauerngarten** hat übrigens in der Mitte des Wegkreuzes oft ein Rondell mit einer Wasserstelle oder einem kleinen Baum. Hier sind die Beete vielmals mit niedrigen Buchsbaumhecken eingefasst. Bedenken Sie dabei, dass auch der Buchs mit dem Gemüse um Licht und Nähr-

stoffe konkurriert. Alternativ können Sie Ihre Beete mit Steinen einfassen – wenn diese ein Stück in den Boden hineinragen, hindern sie auch Wurzelunkräuter an der Verbreitung ins Beet.

Dies sollen nur Anregungen sein. Sie wollen, dass Ihr Garten aus runden oder sternförmigen Beeten besteht? Nur zu! Überprüfen Sie dabei immer, ob Sie in Ihre Planungen vielleicht noch Platz für eine Wasserstelle einbeziehen wollen. Möglicherweise wollen Sie auch einen Kompost anlegen. Oder wäre ein Steinhaufen nicht nur ein kleines Biotop, sondern sogar ein optischer Gewinn? Gefällt Ihnen Ihr neuer Gemüsegarten am Ende so gut, dass Sie es bereuen, nicht genügend Raum für eine Bank eingeplant zu haben?

Planen Sie die Form Ihres Gartens also in Ruhe. Schlafen Sie ein- oder zweimal darüber. Dann spricht nichts mehr dagegen, zur Tat zu schreiten.

UNTEN So werden Beete in einem typischen Bauern- oder Klostergarten angelegt.

BODENBESCHAFFENHEIT

Spätestens wenn Sie ein Stück Ihres Rasens umgraben, um Platz für das Gemüse zu schaffen, treffen Sie auf einen Begleiter, der entscheidend bei zukünftigen Tätigkeiten mitreden wird: Ihr Boden.

Bodenarten

Böden sind sehr unterschiedlich. Dementsprechend haben verschiedene Böden auch verschiedene Eigenschaften. Grundsätzlich unterscheidet man anhand der Größe der vorherrschenden Bodenteilchen zwischen Ton-, Lehm- und Sandböden, wobei es dazwischen weitere Abstufungen gibt. Die schwersten Böden mit geringster Teilchengröße sind Tonböden, die leichtesten mit den größten Teilchen Sandböden.

Tonböden

Diese Böden können sehr viel Wasser halten (wenn sie austrocknen, bilden sich Schrumpfungsrisse), das sich jedoch leicht staut. Das bedeutet in der Praxis, dass sie schwer zu bearbeiten sind, sich nur schwierig von Wurzeln durchdringen lassen und nur sehr wenig Luft aufnehmen; dafür können sie Nährstoffe sehr gut halten. Lassen Sie die Gartenarbeit nach Regenfällen am besten ruhen, da sich die Böden sonst stark verdichten und beträchtliche Teile davon an Ihren Schuhen kleben bleiben. Hier bietet es sich an, den Garten vor dem Winter umzugraben. Der Frost kann die Schollen sprengen, sodass die Erde krümeliger wird. Dies nennt man Frostgare.

Sandböden

Im Kontrast dazu sind Sandböden (sie lassen sich in den Händen nicht zu einer bleistiftdicken Wurst ausrollen, sondern zerfallen) eher leicht zu bearbeiten. Wasser dringt hier gut ein, kann aber schlecht gehalten werden, sodass Nährstoffe schneller auswaschen. Zwar liegt eine gute Durchlüftung vor und die Pflanzen können den Boden gut durchwurzeln, durch den geringen Nährstoffanteil wachsen hier jedoch eher anspruchslose Arten. Dadurch müssen Sie Sandböden öfter gießen und düngen. Für ihre Aufwertung sind Kompostgaben besonders wichtig.

Lehmböden

Lehmige Böden sind für den Gemüseanbau am besten geeignet. Sie liegen zwischen den beiden Extremen und vereinen, einfach gesagt, ausschließlich deren jeweils positive Eigenschaften in sich. Wenn sie trocken sind, werden sie jedoch zuweilen »garstig« und sehr hart. Eine Bearbeitung wird dann schwer bis fast unmöglich – damit diese wieder leichter wird, können Sie entweder einfach auf Regen warten oder aktiv werden und die gewünschten Stellen angießen.

Bodenverbesserung

Zum Glück gibt es Möglichkeiten, auch auf den ersten Blick eher ungeeignete Böden zu verbessern, wenn Sie etwas Geduld aufbringen.

Ein Schlüssel hierfür ist die Zufuhr von **Humus**, also abgestorbene organische Bodensubstanz, die eine wichtige Rolle bei der Entwicklung Ihrer Pflanzen einnimmt. Faustregel: Böden mit hohem Humusanteil sind eher dunkel, solche mit niedrigem Humusanteil eher hell.

Wenn Sie regelmäßig Kompost im Garten ausstreuen, werden Sie merken, dass sich Ihr Boden stetig verbessert und Sie über die Jahre hinweg bessere Ergebnisse bei der Ernte erzielen.

Betrachten Sie **Ernterückstände** nicht als Müll, sondern arbeiten Sie diese indirekt über den Kompost oder direkt in den Boden ein. Schon das Umgraben der Grasnarbe ist ein erster Schritt in diese Richtung. Das wirkt anregend auf das Bodenleben, verbessert die Struktur des Bodens und reichert ihn mit Nährstoffen an. Auch die Regenwürmer, wichtige Helfer im Garten, werden es Ihnen danken.

Einen wichtigen Einfluss auf das Pflanzenwachstum hat zudem der **pH-Wert**. Optimalerweise liegt er für Gemüse bei leichten Böden im schwach sauren, bei schweren Böden im neutralen Bereich. Dass Böden mit der Zeit versauern, ist ein natürlicher Prozess, dem Sie mit einer Kalkzugabe entgegenwirken können. Im Handel gibt es Testsets, mit denen Sie den Wert selbst bestimmen können.

Bodenanalyse

Viele Fachleute empfehlen vor der Bepflanzung eine Bodenanalyse im Labor. Es gibt allerdings einen guten Trick, wenn Sie darauf verzichten wollen

oder Ihnen die beschriebenen Bodeneigenschaften in der Deutung zu kompliziert erscheinen. Sie können nämlich auch einfach auf »gut Glück« mit dem Gärtnern loslegen … und dann die gewachsenen Pflanzen als Informanten nutzen. Tatsächlich geben Ihnen verschiedene Pflanzen über den Zustand des Bodens Auskunft. Sollte es dem Gemüse weniger gut gehen, weisen Mangelerscheinungen auf Defizite an Nährstoffen oder im Boden hin. Einige Gemüsesorten wie Kohl wirken dann blass statt saftig grün. Haben Ihre Pflanzen blassgrüne anstatt dunkler gefärbte ältere Blätter, deutet dies auf Stickstoffmangel hin. Rötlich verfärbte Blattunterseiten und schlechte Blütenbildung deuten auf mangelnden Phosphor, absterbende Blattränder und ein insgesamt welker Eindruck auf zu wenig Kalium hin.

Achten Sie darüber hinaus darauf, welche Unkräuter sich zwischen dem Gemüse ansiedeln. Diese kann man als sogenannte **Zeigerpflanzen** nutzen. Treten beispielsweise vermehrt Gänsefuß, Knopfkraut oder die Vogelmiere auf, lässt sich auf einen hohen Nährstoffgehalt schließen. Bei nährstoffarmen Böden sind eher Bauernsenf, Ackerklee oder die Acker-Hundskamille anzutreffen. Verdichtungen im Boden werden von Wegerich, Löwenzahn oder dem Einjährigen Rispengras angezeigt. Saure Böden bieten gute Bedingungen für Sauerampfer, Hederich oder den Ackerfrauenmantel. Feldrittersporn, Klatschmohn oder Acker-Hahnenfuß mögen hingegen Kalk.

Treten die beispielhaft genannten Pflanzen in Gesellschaft auf, können Sie ganz einfach Rückschlüsse auf die Eigenschaften Ihres Bodens ziehen.

WERKZEUGE UND UTENSILIEN

Nun wissen Sie bereits, wo Sie in Ihrem Garten die Gemüsebeete anlegen und welche Gemüsesorten Sie an welche Stelle säen und pflanzen werden. Bevor Sie loslegen können, sollten Sie folgende Utensilien zur Hand haben:

Grundausstattung

Gießkannen: Gemüse benötigt Wasser. Sollten Sie Ihre Beete nicht mit Schläuchen erreichen, sind Gießkannen unerlässlich. In der Regel sollten Sie zum Gießen die Tülle (also den Aufsatz an der Gießkanne) verwenden, damit das Wasser feiner und gleichmäßiger verteilt wird und nicht in einem starken Strahl Schäden insbesondere an kleineren Pflanzen oder Aussaaten hervorruft.

Wollen Sie bei der Wasserversorgung nicht auf das beschwerliche Tragen von Gießkannen zurückgreifen, bieten sich **Schläuche** an. Achten Sie aber auch hier auf einen geeigneten **Gießaufsatz**. Eine weitere Erleichterung könnte die Anschaffung von Sprinklern oder **Regnern** sein. Aber Vorsicht: Tomaten mögen es gar nicht, wenn ihre Blätter nass werden. Schutz hiervor ist z. B. ein kleines, nicht allzu teures Plastikhaus. Allerdings fördert (auch bei anderem Gemüse) ein zu feuchtes Milieu den Pilzbefall.

Geräte

Hacke: Leider wird im Laufe der Kulturzeit neben Ihrem Gemüse auch eine Vielzahl an Unkraut erscheinen. Wächst dieses in der Reihe mit dem Gemüse, werden Sie es jäten müssen. Das Unkraut zwischen den Reihen kann mit einer Hacke ausgerissen oder von den Wurzeln getrennt werden, sodass es vertrocknet. Gerade bei trockener Witterung ist das Hacken sehr wichtig, da so durch das Zerschlagen von Kapillaren im Boden viel mehr Wasser gehalten wird, das ansonsten einfach verdunsten würde. Kapillaren sind kleinste Hohlräume im Boden, die das Wasser gut halten. Haben sie eine Verbindung an die Oberfläche, entzieht vor allem Wind dem Boden Feuchtigkeit. Mit einer Hacke zerschlagen Sie diese Verbindungen.

Dieses Werkzeug gibt es auch in einer kleineren Form, z. B. als **Handhacke** oder **Handkultivator**. Diese benutzt man nicht im Stehen, sondern eher in sitzender oder hockender Position. Sie sind für kleinere Flächen geeignet.

Ob aus Metall oder Kunststoff: Eine Gießkanne darf in keinem Gemüsegarten fehlen.

Mit einer guten Ausrüstung macht die Arbeit im Gemüsegarten gleich doppelt so viel Spaß.

Mit dem **Spaten** können Sie die Beete umgraben. Wir empfehlen einen mit T-Griff, der dann die optimale Größe für Sie hat, wenn Ihnen der Spaten bis zu den unteren Rippen reicht.

Weitere praktische Gartenhelfer

Neben dieser Grundausstattung gibt es eine Reihe weiterer nützlicher Werkzeuge und Utensilien, die Ihnen die Arbeit im Garten erleichtern können.

Für sehr viele Tätigkeiten ist eine **Schaufel** hilfreich. Grundsätzlich kann man hier zwischen zwei Arten von Schaufeln unterscheiden: Es gibt die Holsteiner Schaufel, deren Blatt eine gerade Kante hat – sie eignet sich besonders zum Bewegen von angehäuften Materialien wie Erde oder Laub. Mit der Frankfurter Schaufel, die ein rund zulaufendes Blatt mit leichter Spitze hat, kann man besser in Materialien wie Erde, Kies oder Laub eindringen.

Harke: Nach dem Umgraben ist die Oberfläche sehr ungleichmäßig und mit groben Schollen bedeckt. Zerschlagen Sie zunächst die groben Schollen. Um ein gleichmäßiges und feinkrümeliges Saat- oder Pflanzbett zu erzeugen, werden dann mit der Harke weitere Klumpen zerschlagen. Außerdem können Sie Unebenheiten ausgleichen, sodass Sie eine gleichmäßige Oberfläche für die weiteren Schritte herstellen.

Schubkarre: Wenn die Wege in Ihrem Garten nicht sehr kurz sind, werden Sie für alle möglichen Arbeiten eine Schubkarre benötigen. Je größer die Fläche, desto mehr Zeit im Garten ist reine Transportzeit!

Eine große Schubkarre erleichtert den Transport von allerlei Dingen.

In einer Tonne können Sie nicht nur Regenwasser sammeln, sondern auch eine Brühe zum Düngen ansetzen ...

Für die Ernte von Kartoffeln, Möhren oder anderem unterirdisch wachsendem Gemüse ist eine **Grabegabel** geeignet. Mit ihr können Sie beispielsweise auch größere Wurzeln entfernen.

Fällt Laub in Ihren Garten oder wollen Sie ab und an Pflanzenreste zusammenziehen? Dann könnte ein **Rechen** wichtig für Sie sein.

Regentonnen können mehrere Funktionen erfüllen. Neben dem Sammeln von Regenwasser, das nicht nur billiger als Leitungswasser, sondern auch besser zum Gießen geeignet ist, können hier (oder in kleineren **Bottichen**) Jauchen oder Brühen, z.B. aus Brennnessel, Schachtelhalm, Beinwell oder Rhabarber, angesetzt werden, die Schädlinge vertreiben bzw. Ihre Pflanzen stärken (siehe

auch unter Pflanzenjauchen auf Seite 88). Ausgebracht werden diese am besten mit einer **Spritze**, sei es eine Handspritze für kleinere Flächen oder eine Rückenspritze, die wie ein Rucksack aufgesetzt wird, für den großen Garten.

Wollen Sie im Frühjahr Ihre Kulturen früher ernten oder (wie auch im Herbst) vor Frost schützen, können Sie diese mit **Vliesen** oder **Folien** bedecken. Gerade bei Folien ist darauf zu achten, dass sie immer wieder gelüftet werden, damit sich keine Fäulnis bildet. Vliese können auch als Schutz bei starkem Blattlausflug Verwendung finden.

Ähnliche Maßnahmen aus dem biologischen Pflanzenschutz können mit **Netzen** gegen Vögel oder, sehr viel feinmaschiger, etwa gegen die Eiablage von Kohlweißlingen ergriffen werden.

... die sie dann mit einem praktischen Zerstäuber auf Ihr Gemüse bringen können.

Unverzichtbar für viele Tätigkeiten ist eine gute, handliche Gartenschere.

Klein, aber oho

Neben den genannten größeren Geräten gibt es eine Vielzahl an Kleinutensilien, die im Garten immer wieder zum Einsatz kommen.

Schnur, Draht oder **Haushaltsgummis** werden Sie immer wieder benötigen, sei es, um eine Pflanze an der Rankhilfe zu befestigen, um angebrochene Samentütchen zusammenzuhalten oder um eine gerade Saatrille zu ziehen.

Einen **Zollstock** oder ein **Maßband** werden Sie ebenfalls nach kürzester Zeit nie mehr missen wollen. Die Tätigkeiten, für die sie benötigt werden, reichen von der Planung Ihres Gemüsegartens bis zum Abmessen Ihrer Reihen- und Pflanzabstände.

Ähnlich verhält es sich mit **Messern**, alleine wenn Sie an die Ernte denken. Hier kann auch eine Gartenschere hilfreich sein.

Nicht nur um die durch gärtnerische Tätigkeiten schmutzigen Hände zu umgehen, sind **Handschuhe** vorteilhaft. Hier können Sie auch gewöhnliche Haushaltshandschuhe nehmen.

Ebenso sind die Verwendungsmöglichkeiten von **Eimern** und **Kisten** nahezu unbegrenzt.

Holz- oder Metallstäbe in unterschiedlichen Größen können sehr hilfreich, z. B. als Abstützung oder Rankhilfe, sein.

Es ist gut möglich, dass Sie Ihren Garten auch ohne dieses oder jenes betreiben können. Genauso wahrscheinlich ist es aber auch, dass Sie etwas für sich entdecken, das Sie nicht missen möchten, das hier aber fehlt.

Der Eimer ist beim Gärtnern ein wahres Multitalent und daher ein treuer Begleiter.

RICHTIG GIESSEN

Zumeist sorgt der Regen für die Bewässerung Ihrer Pflanzen. Wenn er jedoch ausbleibt, müssen Sie selbst zur Kanne oder zum Schlauch greifen. Auch hier hilft es Ihrem Gemüse, wenn Sie ein paar wenige einfache Regeln beachten.

Das Einmaleins des Gießens

Um zu prüfen, ob der Boden noch genügend Wasser hält, sollten Sie zunächst mit der Hacke ein paar Zentimeter der Erdoberschicht Ihres Gemüsebeets wegkratzen. Ist die Erde unter der Ober-

UNTEN Auch beim Gießen gibt es ein paar einfache Tricks und Regeln zu beachten.

fläche noch feucht, können Sie mit gutem Gewissen auf das Gießen verzichten.

Jede Gemüsepflanze hat einen unterschiedlich hohen Wasserbedarf. Den größten Wasserbedarf haben frisch gepflanzte und gesäte Gemüsesorten sowie alle Pflanzen mit besonders großen Blättern, wie Kürbis, Zucchini etc. Gerade bei kleineren Pflanzen oder auch bei Aussaaten empfiehlt sich das vorsichtige Gießen mit Aufsatz, also der Tülle. Um den optimalen Strahl zu erreichen, hilft es, zunächst den ersten Schwung außerhalb des Beetes abzuschütten.

Vermeiden Sie – gerade bei heißen Temperaturen – das Gießen zur Mittagszeit. Die Wassertropfen wirken auf den Blättern wie eine Lupe und können sie regelrecht verbrennen. Gießen Sie also eher morgens oder abends – und immer nur im Wurzelbereich der Pflanzen.

Allgemein sind Pflanzen, die selten gegossen werden, gezwungen, tiefere Wurzeln auszubilden, um das im Boden vorhandene Wasser zu erreichen – gießen Sie Ihre Pflanzen daher zu Beginn nicht zu oft. Salate z. B. können bis zu 60 cm tief wurzeln, Kohlsorten sogar bis zu 90 cm.

Liter pro Quadratmeter: Ihnen ist vielleicht schon mal die Maßeinheit für niedergegangenen Regen begegnet. Man spricht dann von Liter/m². Aber was bedeutet das? Im Grunde ist es ganz einfach: Wenn es 10 Liter pro Quadratmeter geregnet hat, und Ihr Gemüsegarten 30 qm groß ist, entspricht die niedergegangene Menge 30 vollen Gießkannen. Würden Sie dann noch weitergießen?

Frisch gepflanzt oder gesät?

Überall dort, wo Sie frisch gepflanzt oder gesät haben, sollten Sie gießen. Warum? Durch das Angießen oder Übergießen (mit Tülle bei Aussaaten) Ihres gepflanzten oder gesäten Gemüses erreichen Sie, dass die kleinsten Teilchen in der Erde an die Wurzeln oder das Saatgut herangespült werden. Das nennt man einen guten Bodenschluss bekommen! Sie erleichtern Ihrer Pflanze somit das Anwachsen und ermöglichen Ihrem Saatgut, den Keimprozess zu starten. Die Stelle, an der Sie gesät haben, sollte möglichst feucht gehalten werden. Wenn Sie Ihren Garten einige Tage nicht aufsuchen, können Sie ein Stück Vlies über die Stelle legen, damit die Verdunstung etwas gebremst wird. Sobald Ihr Gemüse gekeimt ist, sollten Sie das Vlies wieder entfernen. Und: Säen Sie einfach an Tagen, bevor Niederschläge angesagt sind. Dann übernimmt die Natur die Regie.

Großblättrige Pflanzen

Wenn es sehr heiß und trocken ist, fahren großblättrige Pflanzen über den Tag ihren Stoffwechsel ganz herunter, lassen die Blätter hängen und machen den Eindruck, sie würden vertrocknen. Aber keine Sorge: Dies ist eine clevere Methode der Natur, auch bei knappem Wasserangebot zu überleben, indem die Verdunstung reduziert wird. In den Morgen- und Abendstunden sieht Ihre Pflanze wieder völlig normal aus.

Der Morgentau

Eine weitere Möglichkeit, Wasser aufzunehmen, finden Ihre Pflanzen übrigens während des Morgentaus, denn nicht nur die Wurzeln, sondern auch das Laub besitzt die Fähigkeit, Feuchtigkeit aus der Luft aufzunehmen. Während des Taupunktes in den frühen Morgenstunden ist auch die Aufnahmefähigkeit für Nährstoffe sehr gut.

Gewusst, wann und wie

Es hat keinerlei nachhaltigen Effekt, wenn Sie Ihren Gemüsegarten einmal kurz mit dem Gießaufsatz Ihrer Gießkanne besprengen. An heißen Tagen ist das oberflächlich aufgebrachte Wasser innerhalb weniger Minuten vollständig verdunstet. Wenn Sie also gießen, dann geben Sie ohne Gießaufsatz reichlich Wasser direkt an die Pflanzenreihen oder direkt an die Pflanze. Kleine Orientierungshilfe: Es sollte so viel sein, dass das Wasser gut in den Boden eindringen kann.

Gießen

> **TIPP**
>
> Bevorzugen Sie, aus ökologisch und ökonomischen Gründen, wenn möglich, zum Gießen immer Regen- statt Leitungswasser. Dies spart Geld und oft auch lange Wege zum Wasserhahn. Zudem ist Regenwasser weicher und hat damit einen besseren Härtegrad im Vergleich zu Leitungswasser, das oft sehr kalkhaltig ist.

AUSSAAT- UND PFLANZKALENDER

Dieser Kalender zeigt Ihnen, welches Gemüse zu welcher Zeit an welche Stelle gepflanzt oder gesät werden kann. Die einzelnen Gemüsearten sind zu ihren Pflanzenfamilien zusammengefasst. Als wichtige Faustregel der Fruchtfolge, die wir Ihnen ausführlich auf Seite 34 vorstellen, gilt nämlich, dass kein Gemüse Nachfolger auf eines aus der gleichen Familie sein sollte.

Pflanzabstand: Der Pflanzabstand A × B zeigt Ihnen, in welchem Abstand das Gemüse gepflanzt werden sollte. A zeigt Ihnen den Abstand zur nächsten Gemüsereihe an. B beschreibt den Abstand der Pflanzen innerhalb einer Gemüsereihe. Ein Pflanzabstand von 40 × 10 bedeutet, dass Sie 40 cm zwischen den Reihen und 10 cm innerhalb der Reihe bis zur nächsten Pflanze einplanen soll-

	Pflanzab-stand in cm	Kulturdauer in Tagen	Hinweise zur Fruchtfolge
BALDRIANGEWÄCHSE			
Feldsalat	20 × 1	60	keine Fruchtfolgeprobleme
DOLDENBLÜTLER			
Fenchel	25 × 25	70	+ nach Lauch, Kohl, Spinat, Kartoffel – nach Doldenblütlern
Möhre	25 × 4	100	+ nach Kartoffel, Zwiebel, Lauch – nach Doldenblütlern, Mais, Kohl
Pastinake	40 × 10	180	+ nach Kartoffel, Gründüngung – nach Doldenblütlern
Sellerie	75 × 40	130	+ nach Gründüngung – nach Doldenblütlern
Petersilie	20 × 10	80	+ nach Leguminosen – nach Doldenblütlern
Dill	20 × 5	55	+ nach Kartoffel, Nachtschattengewächsen, Kohl – nach Doldenblütlern
GÄNSEFUSSGEWÄCHSE			
Mangold	40 × 30	75	– nach Gänsefußgewächsen, Stallmistdüngung
Rote Bete	25 × 10	130	+ nach Kartoffel, Kohl, Lauch – nach Gänsefußgewächsen
Spinat	25 × 5	50	+ nach Erbsen und Buschbohnen
GRÄSER			
Zuckermais	60 × 30	100	+ nach Schmetterlingsblütlern – nach Getreide

ten. Achten Sie bitte immer auf die Empfehlungen, denn ausgewachsenes Gemüse benötigt mehr Platz, als man sich das zum Zeitpunkt der Aussaat oder Pflanzung vorstellen kann!

Kulturdauer: Die Kulturdauer beschreibt den Zeitraum in Tagen, den das Gemüse etwa von der Aussaat oder der Pflanzung bis zum Erntebeginn benötigt. Steht Ihnen ein helles Fenster oder gar ein Gewächshaus zur Verfügung, dann können Sie manche Kulturen schon vorziehen.

Allgemein: Als Faustregel gilt, dass großes Saatgut tiefer, kleinere Samen hingegen flacher in die Erde kommen. Stecken Sie die Samen in etwa so tief in die Erde, wie sie groß sind. Bei Buschbohnen können Sie etwa 5 Samen pro Stelle, bei Stangenbohnen etwa 5 rund um die Stange aussäen.

Möhren, Pastinaken, Rote Bete, Spinat, Radieschen, Rettich oder Rucola sollten Sie nach Ausbildung des ersten Laubblattes auf den empfohlenen Abstand vereinzeln (s. Seite 86).

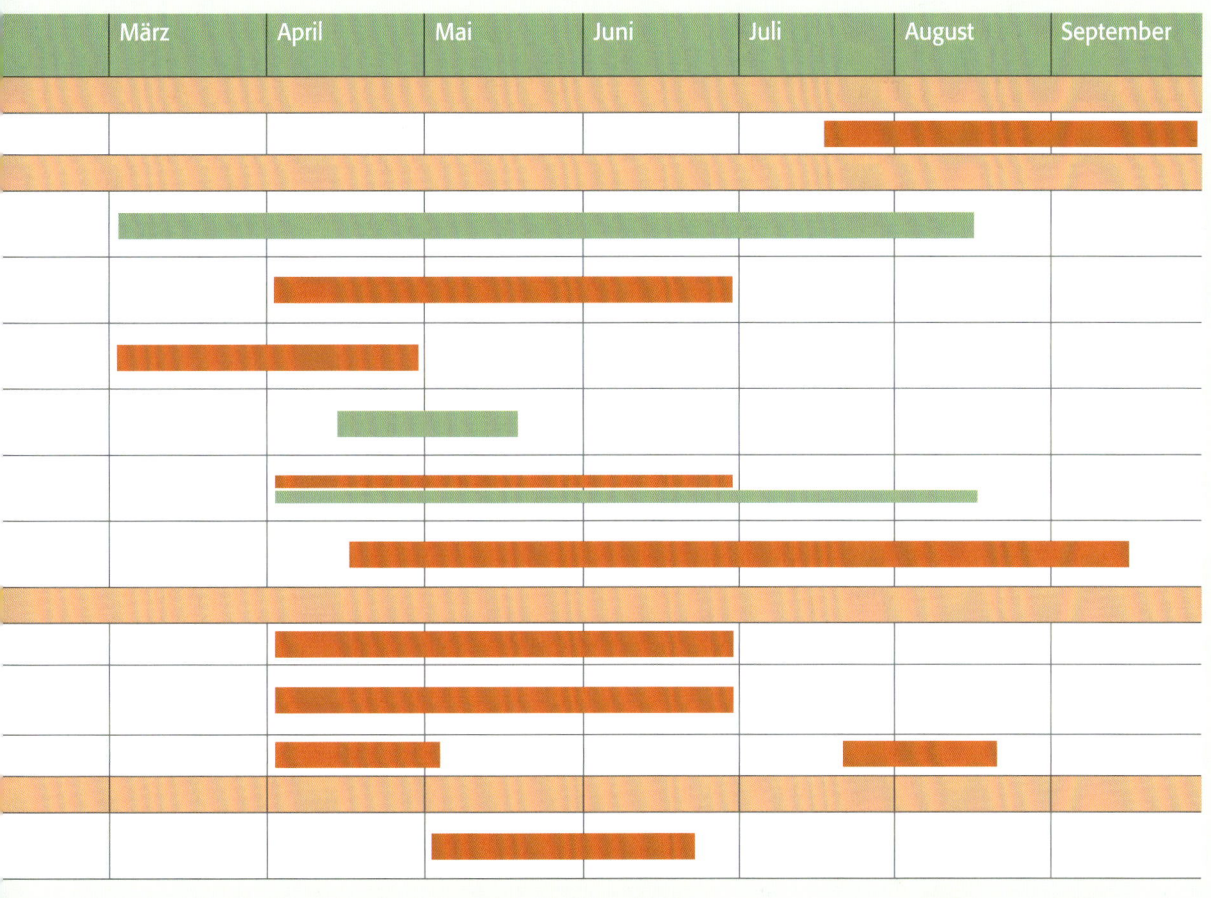

	Pflanzab-stand in cm	Kulturdauer in Tagen	Hinweise zur Fruchtfolge
KORBBLÜTLER			
Kopfsalat	20 × 20	50	+ nach Lauch, Spinat, Zwiebel – nach Kohl, Kartoffel, Sonnenblume
Endivie	30 × 40	70	+ nach Kohl
KREUZBLÜTLER			
Blumenkohl	60 × 50	80	– nach Kreuzblütlern
Brokkoli	50 × 50	85	– nach Kreuzblütlern
Kohlrabi	30 × 25	45	+ nach Kartoffel, Spinat, Lauch, Erbse, Bohne – nach Kreuzblütlern
Kopfkohl	50 × 50	100	+ nach Schmetterlingsblütlern – nach Kreuzblütlern
Grünkohl	75 × 45	140	– nach Kreuzblütlern
Radieschen	15 × 3	30	+ nach Zwiebel, Möhren, Feldsalat, Lauch – nach Kreuzblütlern, Kartoffel
Rettich	30 × 10	50	+ nach Zwiebel, Möhre, Feldsalat, Lauch – nach Kreuzblütlern, Kartoffel
Rucola	20 × 3	40	+ nach Zwiebel, Möhre, Feldsalat, Lauch – nach Kreuzblütlern, Kartoffel, Salat
KÜRBISGEWÄCHSE			
Kürbis	150 × 65	110	+ nach Schmetterlingsblütlern, Kartoffel, Kohl – nach Kürbisgewächsen
Zucchini	100 × 100	50	+ nach Schmetterlingsblütlern, Kartoffel, Kohl – nach Kürbisgewächsen
Landgurke	100 × 40	70	+ nach Schmetterlingsblütlern – nach Kürbisgewächsen, Kartoffel
SCHMETTERLINGSBLÜTLER			
Buschbohne	20 × 20	80	– nach Schmetterlingsblütlern, Spinat, Salat
Stangenbohne	120 × 60	80	– nach Schmetterlingsblütlern
Erbse	40 × 5	80	– nach Schmetterlingsblütlern, Möhre, Zwiebel
NACHTSCHATTENGEWÄCHSE			
Kartoffel	60 × 30	120	– nach Kartoffel
Aubergine	60 × 45	60	– nach Nachtschattengewächsen
Paprika/Peperoni	40 × 40	60	– nach Nachtschattengewächsen
Tomate	100 × 50	60	– nach Nachtschattengewächsen
LILIENGEWÄCHSE			
Zwiebel	25 × 10	140	– nach Liliengewächsen
Lauch	25 × 15	110	+ nach Erbse, Bohne, Kohl, Sellerie, Kartoffel – nach Liliengewächsen

	März	April	Mai	Juni	Juli	August	September

Aussaat   Pflanzung

GUTE NACHBARSCHAFT

Pflanzen sind wählerisch. Die Auswahl der benachbarten Gemüsepflanzen ist also ein äußerst wichtiger Teil Ihrer Planungen. Einige Pflanzen rauben ihren Nachbarn gerne Nährstoffe, oder die über die Wurzeln in das Erdreich abgegebenen sogenannten Phytohormone (das sind pflanzeneigene Botenstoffe, die das Wachstum und die Entwicklung der Pflanze steuern) hemmen das Wachstum der Nachbarpflanzen.

Wenn Sie Ihre Gemüsepflanzen in der richtigen Reihenfolge anordnen und die geeigneten Nachbarn auswählen, können alle voneinander profitieren. Selbst Schädlingsbefall und Krankheiten werden durch eine gute Planung eingedämmt oder sogar verhindert. Auch mögliche Schattenspender, die in Form von z.B. großen Tomatenpflanzen entstehen können und damit kleineren Pflanzen Licht nehmen, sollte man beachten.

PFLANZEN, DIE GUT NEBENEINANDER AUSKOMMEN

Buschbohnen	Erbsen, Kohlrabi, Radieschen, Rote Bete, Kohl, Salat, Spinat, Tomaten
Erbsen	Buschbohnen, Kohlrabi, Möhren, Radieschen, Kohl, Salat, Spinat
Kohlrabi	Buschbohnen, Erbsen, Möhren, Radieschen, Rote Bete, Salat, Spinat, Tomaten
Kürbis	Kohl, Zuckermais
Möhren	Erbsen, Kohlrabi, Rotkohl, Radieschen, Salat, Schnittlauch, Spinat, Tomaten, Zwiebeln
Radieschen	Buschbohnen, Erbsen, Möhren, Kohl, Salat, Spinat, Tomaten
Rote Bete	Buschbohnen, Kohlrabi, Kohl, Salat, Zucchini
Kohl	Basilikum, Buschbohnen, Erbsen, Kürbis, Möhren, Radieschen, Salat, Spinat, Tomaten
Salat	Buschbohnen, Erbsen, Kürbis, Möhren, Radieschen, Kohl, Rote Bete, Spinat, Tomaten
Gurke	Basilikum, Dill
Tomaten	Basilikum, Buschbohnen, Kohlrabi, Radieschen, Kohl, Salat, Spinat
Spinat	Buschbohnen, Erbsen, Kohl, Möhren, Radieschen, Salat, Tomaten
Zucchini	Basilikum, Buschbohnen, Rote Bete
Basilikum	Tomate, Zucchini

HOCHBEET-GÄRTNERN

Haben Sie schon einmal über ein Hochbeet nachgedacht? Gerade für Menschen mit Rückenbeschwerden kann das eine tolle Alternative zum Gärtnern am Boden sein, da die Nutzung sehr bequem und schonend für Wirbelsäule und Co. ist.

Der Handel hält verschiedene Ausführungen bereit. Doch es ist überhaupt nicht schwierig, sich selbst eins zu bauen.

Marke Eigenbau

Der Rahmen: Ideal ist eine Quaderform mit 1,20 × 2 m Grundfläche und einer Höhe von 80 cm bis 1 m. Aber auch mehreckige Grundformen sind möglich. Schneiden Sie sich Holzbretter für die gewünschte Form und schrauben Sie sie zu einem Rahmen zusammen.

Schutz vor Eindringlingen: Tackern Sie an das Ende, das am Boden aufliegt, einen Hasendraht. Dieser verhindert, dass später ungebetene Gäste wie Wühlmäuse von unten in das Hochbeet eindringen, für die es durchaus attraktive Lebensbedinungen bieten würde.

Befüllung: Bringen Sie den Holzrahmen an den gewünschten Platz. Füllen Sie die unterste Schicht etwa 20 cm hoch mit Ästen, damit der untere Teil des Hochbeetes eine gute Drainage bietet. Darauf schütten Sie eine 20 cm dicke Schicht Rindenmulch, gefolgt von 15 cm Laub, Gras oder Stroh. Nun folgen 15 cm Erde oder grober Kompost und abschließend circa 20 cm Muttererde. Gießen und planieren Sie nach jeder Schicht, damit Ihr Hochbeet nicht unkontrolliert absackt. Mit einem Absacken der Erde ist nämlich in erster Zeit durchaus zu rechnen.

Bepflanzung: In Ihr Hochbeet können Sie nach Lust, Laune und Geschmack alle Gemüsesorten pflanzen, die Sie mögen. Auch Kräuter gedeihen darin ganz wunderbar.

Wie funktioniert's?

Durch die mehrfache Schichtung setzen Sie im Inneren des Hochbeets einen Rotteprozess in Gang, der Ihre Pflanzen langfristig mit Nährstoffen versorgt. Zudem bildet sich Humus und durch die Umsetzungsprozesse herrschen innen höhere Temperaturen. Das hat den erfreulichen Effekt, dass das Gemüse im Hochbeet verfrüht wird.

Hochbeet gießen

Durch die exponierte Stellung wird Ihr Gemüse im Hochbeet natürlich einen höheren Wasserbedarf haben als im Bodenanbau, da die Verdunstung dementsprechend stärker ist.

Noch öfter müssen Sie jedoch Topfpflanzen auf dem Balkon gießen. Auch hier kann ein Hochbeet, das die Fläche von vielen Töpfen zusammenfasst, eine gute Alternative sein. Und Sie sparen damit sogar einige Gießgänge!

UNGELIEBTE UNKRÄUTER

Jäten

Gerade im Frühjahr zählen Jäten und Hacken zu den wichtigsten Aufgaben. Die Unkrautentfernung ist wichtig, damit das Gemüse nicht zu große Konkurrenz bekommt. Benachbarte Unkräuter nehmen den Pflanzen Wasser und Licht – und können Krankheiten oder Schädlinge begünstigen. Wenn sich Unkraut aussamt, können die Samen teilweise über Jahrzehnte im Boden überdauern, sodass sich der Unkrautdruck stetig erhöht.

Unkraut jäten

Unkraut lässt sich leichter jäten, wenn es geregnet hat und der Boden aufgeweicht ist. Es kann dann mitsamt der Wurzel herausgezogen werden. Manche Unkräuter wie Ackerkratzdistel, Löwenzahn oder Quecke treiben neu aus, wenn die Wurzel im Boden bleibt. Ist das Unkraut noch klein und hat es noch keine Blüten ausgebildet, können Sie es nach dem Jäten liegen und vertrocknen lassen.

Hacken

Bei trockenem Wetter hat das Hacken mehrere Vorteile. Es geht schneller, das Unkraut vertrocknet danach auf dem Beet, und weil Sie dabei die Kapillaren im Boden zerschlagen, verdunstet weniger Wasser. Ein Sprichwort sagt: »Einmal hacken spart dreimal gießen.« Hacken wirkt sich positiv auf das Pflanzenwachstum aus, da der Boden aufgelockert und durchlüftet wird. Beschädigen Sie dabei keine empfindlichen Gemüsewurzeln. Innerhalb der Gemüsereihen bleibt daher nur das Jäten. Mehr über Jäten und Hacken siehe Seite 64.

Die folgende Übersicht zeigt Ihnen jeweils das junge und das ausgewachsene Kraut.

Ackerhellerkraut

Häufig auf landwirtschaftlichen Flächen anzutreffen ist das Ackerhellerkraut. Wenn es noch klein ist, hat es einen angenehmen Geschmack.

Ackerwinde

Die Ackerwinde hat die größten Blütenblätter aller heimischen Unkräuter, die durch Schließen sogar Regen vorhersagen können. Weil sie schnell wächst und sich dabei an anderen Pflanzen hochwindet, kann sie Ihr Gemüse im Wachstum hemmen. Ackerwinden sind zudem ein altes Heilkraut.

Brennnessel

Der Stiel und die Blätter der Brennnessel sind mit »Brennhaaren« besetzt. Bei Berührung brechen die kugelförmigen Spitzen ab, sodass Ameisensäure frei wird, die dann auf der Haut brennt. Ökologisch wertvoll ist die Brennnessel beispielsweise als Futterpflanze für einige Schmetterlingsraupen.

Einjähriges Rispengras

Das unscheinbare Süßgras ist auf der ganzen Welt verbreitet. Ihm reicht schon eine Mauerritze zum Wachsen, weshalb es auch sehr oft in Großstädten angetroffen wird. Zwar ist es nur einjährig, friert also im Winter ab, bildet jedoch eine Reihe widerstandsfähiger Samen aus.

Kamille

Als Heilpflanze bei Entzündungen, Krämpfen oder Verdauungsbeschwerden bekannt, ist die Kamille im Gemüsegarten ein ungebetener Gast. Die Echte Kamille ist nur schwer von der Geruchlosen, der Hundskamille oder der Römischen Kamille zu unterscheiden.

Knopfkraut

Ein wuchsfreudiges Unkraut ist das Knopfkraut, auch Franzosenkraut genannt. Jäten Sie es sehr früh, da die Blüten die sehr lange keimfähigen Samen auch noch während des Vertrocknens ausbilden. Auch wachsen die gejäteten Pflanzen leicht wieder an. Knopfkraut kann als Salat oder Pesto verwendet werden.

Quecke

Die zu den Süßgräsern gehörenden Pflanzen bilden zahlreiche unterirdische Ausläufer, denen Sie nur mithilfe einer Grabgabel zu Leibe rücken können. Versuchen Sie, die Ausläufer möglichst komplett zu entfernen, weil schon kleine Stücke neu austreiben können.

Schwarzer Nachtschatten

Auch der Schwarze Nachtschatten kann sich rasant ausbreiten und ist giftig.
Entfernen Sie den Verwandten von Kartoffel, Tomate und Paprika, sobald Sie ihn bemerken.

Vogelmiere

Die Vogelmiere ist sehr ausbreitungs- und vermehrungsfreudig. Sie hat einen hohen Vitamin-C-Gehalt und kann für Salate und Suppen verwendet werden. Die Nährstoffe der Vogelmiere regen zudem die Verdauung und den Stoffwechsel an.

Weißer Gänsefuß

Der Weiße Gänsefuß ist eines der häufigsten Unkräuter. Er kann über 1,50 m groß werden und damit fast jedes Gemüse überragen. Die jungen Blütenstände ähneln Brokkoli, der Weiße Gänsefuß kann als Spinat gegessen werden. Auch in der Heilkunde hat er seinen Platz.

BIOLOGISCHES GÄRTNERN

Heute fragen immer mehr Verbraucher biologisch erzeugte Produkte nach. Aufgeschreckt von wiederkehrenden Berichten über erhöhte Pestizidrückstände auf dem Gemüse oder aus grundsätzlichen Überlegungen zum Schutz der Umwelt greifen sie verstärkt auf Erzeugnisse mit einem Bio-Siegel zurück.

Daher geht auch im Garten der Trend zu biologischem Pflanzenschutz. Dabei handelt es sich um ältere Methoden, die vor der Einführung chemischer Mittel gang und gäbe waren und sich somit auf lange Zeit bewährt haben. Wir möchten Ihnen hier die Grundzüge erläutern.

Düngung

Von entscheidender Bedeutung für die Entwicklung Ihrer Pflanzen ist ein gesunder und lebendiger Boden, der zur Gesundheit und Nährstoffversorgung Ihres Gemüses beiträgt. Gesunde Pflanzen sind wiederum wehrhafter gegen Krankheiten und Schädlinge. Pflanzenschutz fängt also schon im Boden an.

Warum muss überhaupt gedüngt werden? Diese Frage ist relativ leicht zu beantworten: Führen Sie sich einfach vor Augen, dass Sie mit jeder Ernte die Nährstoffe, die nun in den Pflanzen sind, dem Boden entnehmen. Diese müssen ihm zurückgegeben werden, damit die nächste Generation an Pflanzen wieder darauf zurückgreifen kann.

Im Handel gibt es eine Reihe verschiedener Düngemittel. Man unterscheidet zwischen mineralischem und organischem Dünger. Bei ersterem liegen die Nährstoffe (wie die Hauptnährstoffe Stickstoff, Phosphor und Kalium) in mineralischer Form, d. h. als Salze, vor. Sie können daher sehr schnell von den Pflanzen aufgenommen werden.

Organischer Dünger (links) ist eine gute Grundlage für Ihr Gemüse. Er liefert die wertvollen Nährstoffe für die Pflanzen und trägt zur Humusbildung bei. Zudem besteht praktisch keine Gefahr, den Boden zu überdüngen, da organischer Dünger langsam umgesetzt wird.

Organische Dünger

Wir empfehlen Ihnen organischen Dünger, also Produkte mit tierischem oder pflanzlichem Ursprung. Neben den Wirtschaftsdüngern (in der Landwirtschaft anfallende Substanzen wie Mist, Stroh oder Futterreste) sind Hornspäne, Guano, Pflanzenjauchen oder Kompost Beispiele dafür. Diese müssen im Boden erst von den dort ansässigen Mikroorganismen umgesetzt werden, die die enthaltenen Nährstoffe aufschließen. Daher ist die Wirkung erst nach einer gewissen Zeit spürbar. Das Ergebnis ist dafür langfristiger und die Nährstoffe können nicht so leicht ausgewaschen werden, da sie nach und nach freigesetzt werden.

Zudem sind die meisten organischen Dünger wichtig für die Humusbildung. Neben der Grundversorgung mit Nährstoffen sorgt **Humus** auch für eine gute Bodenstruktur. Durch ihn kommt genügend Luft in den Boden, was für das gesamte Bodenleben wichtig ist, und er erhöht die Fähigkeit, Wasser zu halten. **Kompost** (s. auch Seite 96) kann wegen seines Nährstoffgehalts zwar durchaus als organischer Dünger bezeichnet werden, noch wertvoller ist er jedoch als Humuslieferant. Auch hier lohnt sich ein Blick auf die Natur. Am Wald kann man sehen, wie die Humusbildung, die wir im Garten simulieren, seit Millionen von Jahren funktioniert. Abgestorbene Pflanzenteile, Nadeln oder Laub fallen zu Boden und werden dort von zahllosen Lebewesen in Humus umgewandelt. Dieser versorgt den Wald mit Nährstoffen und bildet auch die Bodenstruktur aus. Die Verwendung von organischen Düngern ist in diesem Sinne naturnah – und schon die Einarbeitung von Ernteresten in Ihr Beet eine organische Düngung. Achten Sie also auf einen guten und aktiven Boden.

Versorgen Sie Ihren Boden bereits vor der Aussaat mit Nährstoffen in Form von Hornspänen. Wenn Sie Gemüse, das ein Starkzehrer ist (siehe nächste Seite), geerntet haben, raten wir Ihnen, an dieser Stelle nachzudüngen, um dem Boden erneut Nährstoffe zuzuführen. Verwenden Sie auch hierfür Pflanzenjauchen, Hornspäne und Erntereste.

Kompost liefert auch Nährstoffe, verbessert den Boden aber auf vielfältige Weise. So wird die Humusbildung stark angeregt, wodurch der Boden eine stabile Struktur erhält. Dadurch wird er besser durchlüftet und kann die Nährstoffe und Wasser besser halten.

Fruchtfolge

Die Fruchtfolge spielt beim erfolgreichen Gemüse-anbau eine wichtige Rolle. Die Pflanzen werden dadurch optimal mit Nährstoffen versorgt und sind widerstandsfähig gegenüber Schädlingen und Krankheiten. Der Wechsel der Standorte wird auch als Fruchtfolge bezeichnet und ist ein sehr altes landwirtschaftliches Grundprinzip, das z.B. schon im Mittelalter als Dreifelderwirtschaft bekannt war. Die Fruchtfolge lässt sich durch folgende Eintei-lung der Beete realisieren: Starkzehrer, Mittelzeh-rer und Schwachzehrer rotieren im Jahresrhyth-mus von einem Beet zum nächsten.

Stark-, Mittel- und Schwachzehrer

Um die Belegung der einzelnen Beete strukturiert planen zu können, unterscheidet man bei der Fruchtfolge je nach Gemüse und Nährstoffbedarf zwischen Stark-, Mittel- und Schwachzehrern.

Starkzehrer sind z.B. Weiß-, Rot- oder Blumen-kohl, Kartoffeln, Gurken, Tomaten, Kürbisse, Zu-ckermais oder Zucchini. Versorgen Sie deren Bee-te vor der Pflanzung beispielsweise mit Mist als Grunddüngung, den Sie leicht einarbeiten. Später in der Saison können Sie bei Bedarf etwa mit Hornspänen nachlegen, was dann als Kopfdün-gung bezeichnet wird.

Mittelzehrer sind etwa Salat, Spinat, Fenchel, Rote Bete, Zwiebeln oder Möhren, deren Nährstoff-bedarf unter dem der Stark-, aber noch über dem der Schwachzehrer liegt. Die einmalige Düngung vor der Aussaat oder Pflanzung durch Jauchen oder Mist reicht für diese Gruppe schon aus.

Zu den **Schwachzehrern** zählt man neben eini-gen Kräutern und Feldsalat auch Erbsen und Boh-nen, die zur Familie der Leguminosen gehören. Diese Familie hat die erstaunliche Fähigkeit, den Stickstoff, der in der Luft vorkommt, über Knöll-chenbakterien an den Wurzeln für Pflanzen verfüg-bar zu machen. Sie düngen also den Boden, ob-

UNTEN Rotkohl gehört im Gegensatz zu Fenchel und Feldsalat zu den Starkzehrern.

wohl sie auf ihm wachsen – und brauchen demnach selbst kaum Dünger.

Die Fruchtfolge in Ihrem Garten

Wie zuvor erwähnt, sollten Sie Ihren Gemüsegarten für die Starkzehrer ausreichend mit einer organischen Düngung versorgen. Diese Pflanzen werden einen guten Teil der Nährstoffe verbrauchen und sie in ihre Früchte investieren, die Sie dann ernten können. Sind die Pflanzenreste nicht von Krankheiten befallen, können Sie sie nach der Ernte in den Boden einarbeiten und auf diese Beete als Nächstes Gemüsesorten pflanzen, die als Mittelzehrer gelten. Deren Nährstoffbedarf lässt sich mit den Resten der Vorkultur und einer Gabe von z.B. Hornspänen decken. Dies kann je nach Kulturzeit noch in der gleichen Saison geschehen oder die Planungen für das nächste Jahr betreffen. Dementsprechend folgen die Schwach- auf die Mittelzehrer, während die nächsten Starkzehrer auf das frühere und inzwischen gedüngte Beet der Schwachzehrer folgen.

Beachten Sie bei der Planung, dass nicht nur die Standorte nach Nährstoffbedarf wechseln, sondern dass auch immer unterschiedliche Pflanzenfamilien hintereinander auf einem Beet wachsen.

Gründüngung in der Fruchtfolge

Im Gegensatz zu früher lässt man Felder oder Beete heute eher nicht mehr brachliegen, sondern bindet, wenn etwa organische Substanz aufgebaut werden soll, Gründüngung in die Fruchtfolge ein. Gründüngung besteht aus Pflanzen, die nicht ge-

erntet, sondern in den Boden eingearbeitet werden sollen. Bevor sie zur Humusbildung beiträgt, hilft Gründüngung während der Wachstumsphase dabei, den Boden vor Erosion zu schützen, und bindet Nährstoffe, die dem Boden so erhalten bleiben. Wegen ihrer Fähigkeit, Stickstoff zu binden, gehören zumeist Leguminosen zu einer Gründüngungsmischung sowie Pflanzen, die den Boden schnell bedecken, oder solche, die eine gute Nahrungsquelle für Bienen sind, wie etwa Phazelia. Zudem können Sie im Herbst Winterroggen auf Ihre Beete säen, den Sie im Frühjahr dann einarbeiten. Achten Sie bei der Nutzung von Gründüngung darauf, dass sich die Pflanzen nicht selbst aussäen. Schneiden Sie sie also vor der Blüte ab (außer Phazelia), lassen Sie sie auf dem Beet trocknen und arbeiten Sie die Reste durch Umgraben in den Boden ein. Bei einer späten Aussaat vor dem Herbst erfrieren nicht winterharte Gründüngungspflanzen und können im Frühjahr eingegraben werden.

UNTEN So könnte die Fruchtfolge in Ihrem Gemüsegarten aussehen.

Starkzehrer

Mittelzehrer

Gründüngung

Schwachzehrer

Klassischer Pflanzenschutz

Allen Maßnahmen zum Trotz – Ihr Gemüse wird erfahrungsgemäß nicht vor unliebsamen Überraschungen gefeit sein. Und dennoch: Auch beim klassischen Pflanzenschutz empfehlen wir, auf synthetische Mittel zu verzichten. Pestizide sind zwar überaus wirksam, bilden jedoch Rückstände auf den Pflanzen, töten meist auch nützliche Lebewesen und belasten die Umwelt. Besser ist es, sich mit den Möglichkeiten des biologischen Pflanzenschutzes zu befassen.

Pflanzenjauchen

Pflanzenjauchen wirken zum einen als Dünger, zum anderen stärken sie Ihr Gemüse und machen es widerstandsfähiger. Jauchen wirken bei auftretenden Pilzkrankheiten oder stärken die Zellwände der Pflanzen präventiv. Eine Anleitung zur Herstellung finden Sie auf Seite 88.

Pflanzabstände

Wir können es gar nicht oft genug wiederholen: Achten Sie unbedingt auf die für das jeweilige Gemüse empfohlenen Pflanzabstände. Zu dichte Pflanzungen ergeben nicht nur zu wenig Platz für die einzelnen Exemplare, auch Krankheiten und Schädlinge können sich so leichter ausbreiten.

Regelmäßig Unkraut jäten oder hacken lohnt sich

Unkraut konkurriert nicht nur mit Ihrem Gemüse um Licht, Wasser und Nährstoffe, auch Krankheiten und Schädlinge können sich darüber verbreiten. Ein unkrautfreies Beet ermöglicht zudem bessere Luftzirkulation, was Ihre Pflanzen vor Pilzkrankheiten schützt.

Natürlich können auch bei Beachtung aller präventiven Maßnahmen Krankheiten auftreten. Auf den folgenden Seiten geben wir Ihnen Tipps, die Linderung schaffen.

UNTEN Einfache Hausmittel und Nützlinge sorgen dafür, dass Ihre Pflanzen gedeihen.

Nützlinge

Wenn Sie Ihren Garten umgraben, wird Ihnen ganz sicher ein Gartennützling begegnen, der still und leise für Sie im Untergrund arbeitet: der **Regenwurm**. Er ernährt sich von Pflanzenrückständen im Boden, die Sie beispielsweise beim Umgraben eingearbeitet haben. Auch zieht er sich abgefallene Blätter unter die Erde, um sie dort zu verspeisen. Seine Ausscheidungen sind wiederum Dünger für Ihre Pflanzen. Hinzu kommt, dass er durch seine unterirdischen Bewegungen das Erdreich auflockert und so für eine gute Bodendurchlüftung sorgt. Was der Regenwurm überraschenderweise gar nicht mag, ist Regen. Seinem Namen zum Trotz kriecht er bei Niederschlag an die Oberfläche, sonst würde er unter der Erde ertrinken.

Vögel nutzen dieses »Wissen« und klopfen bei ihrer Futtersuche mit dem Schnabel auf den Boden. Mit diesem Geräusch ahmen sie den Aufschlag von Regentropfen nach und können die herauskriechenden Regenwümer dann ganz einfach fressen.

Ebenfalls ein großer Helfer bei der Gartenarbeit ist die **Hummel**. Fleißig fliegt sie von Blüte zu Blüte und übernimmt dabei die Bestäubungsarbeit. Diese positive Eigenschaft macht sich auch der Gartenbau zunutze. In Gewächshäusern werden ganze Hummelkolonien eingesetzt, die für den Menschen ungefährlich sind und auf natürliche Weise die Blüten bestäuben. Kaum einer weiß, dass die Bestäubungsleistung einer einzelnen Hummel deutlich höher ist als die einer Biene.

Nützlinge willkommen heißen: Gestalten Sie Ihren Garten also so, dass sich Nützlinge wie beispielsweise Marienkäfer, Hummeln oder Ohrwürmer ansiedeln können. Hecken, Blühstreifen, Nistmöglichkeiten für Insekten, Steinhaufen oder kleine Totholzstreifen locken Nützlinge an und helfen, in Ihrem Garten einem natürlichen Gleichgewicht näher zu kommen. Igel fressen Schnecken, Greifvögel fressen Wühlmäuse und Singvögel wiederum Blattläuse. Versuchen Sie, mit einfachen Mitteln, den Nützlingen Lebensraum zu bieten – es zahlt sich auf jeden Fall aus!

SCHÄDLINGE UND KRANKHEITEN

Falls während der Saison Schädlinge in Ihrem Gemüsegarten aufkreuzen: Kein Grund zur Panik, dies ist völlig normal. Ein schwacher Schädlingsbefall kann von Ihrem Gemüse locker toleriert werden und dient anderen Tieren gleichzeitig als Nahrungsgrundlage. Und zum Glück gibt es für fast jeden Schädling auch einen oder mehrere Nützlinge, die sich von ihm ernähren und seine Population im erträglichen Rahmen halten.

Ärgern Sie sich auch nicht, wenn eine Kultur einmal keinen so guten Ertrag bringen sollte. Das kommt selbst in professionellen Gartenbaubetrieben vor. Wenn die Schädlinge jedoch überhandnehmen, sollten Sie tätig werden. Wir stellen Ihnen im Folgenden biologische Maßnahmen zur Vorbeugung und Regulierung vor.

Identifizieren Sie den Schädling, informieren Sie sich über dessen Lebensweise und verändern Sie das Kleinklima so, dass er sich nicht mehr wohlfühlt. Auch gegen Schädlinge gibt es im Handel eine Reihe biologischer Mittel, die Sie einsetzen können. Zudem sind alte Hausmittel wie Brühe aus Brennnessel oder Ackerschachtelhalm (siehe auch Seite 88) oder Seifenlaugen gegen Blattläuse einen Versuch wert.

Bedecken Sie Ihre Kulturen bei starkem Schädlingsflug mit Vliesen oder Netzen (siehe Seite 58). Denken Sie aber daran, regelmäßig zu lüften und nutzen Sie Vliese nur bis ca. 20 °C, ansonsten kann es den Pflanzen darunter zu warm werden!

Vögel

Leider schmeckt Ihr Salat oder Kohl auch manchen Vögeln sehr gut. Ein wirkungsvoller Schutz sind Netze, die Sie über Ihren Kulturen anbringen (siehe Seite 58). Von ästhetischerem Wert sind Vogelscheuchen, die sich relativ einfach basteln lassen. Verbinden Sie hierfür zwei größere Bretter zu einem Kreuz und formen Sie aus Gräsern oder Stroh zwei Bündel, die Sie als Hände an den Enden des quer liegenden Bretts befestigen. Als Kopf eignet sich z. B. ein alter Fußball, als Beine können am unteren Ende noch zusätzliche Bretter oder Äste angebracht werden. Rammen Sie das Gerüst in den Boden oder nutzen Sie einen Sonnenschirmständer. Die Einkleidung erfolgt nach Ihren modischen Vorstellungen, und fertig.

UNTEN Liebevoll hergerichtet schmückt eine Vogelscheuche den Garten sogar.

Wild

Kaninchen, Hasen, Maulwürfe und Wühlmäuse zählen ebenfalls zu den Schädlingen im Gemüsegarten. Während Hasen und Kaninchen oberirdisch an den Pflanzen Schaden anrichten, wirken Wühlmäuse und Maulwürfe unter der Erde. Einhalt gebieten kann man oberirdisch mithilfe von Netzen, die man über das Gemüse legt und an den Rändern eingräbt. Maulwürfe dürfen nicht gestört oder gar getötet werden, da sie unter Naturschutz stehen.

Bei der Wühlmaus gibt es verschiedene Möglichkeiten: Der NABU (Naturschutzbund Deutschland) empfiehlt eine übel riechende Brühe aus Zweigen vom Lebensbaum, Holunder oder Knoblauch, die in kleinen Mengen in die Gänge geschüttet wird. Ein beliebtes Mittel ist zudem, leere Sekt-, Wein- oder Spirituosenflaschen umgedreht in die Löcher zu stecken. Der Alkoholgeruch wirkt sehr abstoßend auf das Tier. Wer keine Schnapsflaschen in seinem Garten haben möchte, dem raten wir, Holzpfähle in die Hügel zu schlagen und so oft wie möglich dagegen zu klopfen. Weiterhin kann man eine Glasflasche mit dem Hals nach oben zu zwei Dritteln in den Boden eingraben. Der über den Flaschenhals streichende Wind erzeugt ein Geräusch, das für die Nager sehr unangenehm ist und sie wirkungsvoll vertreibt.

Nacktschnecken

Die Spanische Wegschnecke, die Ackerschnecke und die Gartenwegschnecke sind unbeliebte Gäste im Gemüsegarten. Durch ihre Gefräßigkeit können sie besonders an Salat zu Ausfällen führen, doch auch Wurzeln werden von ihnen nicht verschmäht. Weil sie Feuchtigkeit benötigen und nachtaktive Tiere sind, sollten Sie daher nach Möglichkeit eher morgens gießen. Das Zerschneiden mit einer Gartenschere in den frühen Morgenstunden ist zwar effektiv, aber unappetitlich. Die toten Schnecken müssen dann aus dem Garten entfernt werden, weil sie sonst ihre kannibalischen Artgenossen anlocken. Bierfallen können wir nicht empfehlen, weil sie reichlich neue Schnecken aus der Umgebung anziehen und ihnen auch nützliche Insekten zum Opfer fallen. Ausgestreute Sägespäne als trockene Barriere werden durch Regen ihrer Wirkung beraubt.

Wir empfehlen Ihnen, den Boden Ihres Gemüsegartens feinkrümelig und unkrautfrei zu halten, damit die Oberfläche besser abtrocknen kann. Streuen Sie außerdem einfach etwas Kaffeesatz

UNTEN Niedlich, aber im Gemüsegarten oft problematisch, ist die Wühlmaus.

um die gefährdeten Pflanzen oder benetzen Sie die Blätter mit starkem Bohnenkaffee. Das bietet zumindest bis zum nächsten Regen Schutz.

Wirksam, aber leider teuer sind Schneckenzäune, die, richtig angebracht, von den Schnecken nicht überwunden werden können.

Wenn Sie beim Umgraben auf Schneckengelege stoßen, sollten Sie diese in den Hausmüll entsorgen. Die kleinen, runden Kügelchen werden Sie sehr leicht erkennen. Sie sind weiß oder durchsichtig und ca. 3 bis 4 mm groß.

Schnecken haben zudem eine Reihe von natürlichen Feinden wie Igel, Mäuse, Vögel, Kröten und Blindschleichen. Die meisten Gehäuseschnecken sind für den Gemüsegarten unbedenklich, die inzwischen leider seltene Weinbergschnecke frisst sogar die Gelege von Nacktschnecken.

UNTEN Die beeindruckende Raupe des Schwalbenschwanzes bevorzugt Möhren.

Schmetterlinge

Auch die Raupen einiger Schmetterlinge ernähren sich von Gemüse. Bekanntestes Beispiel hierfür ist der Kohlweißling, der seine Eier meist an Kopfkohl ablegt. Damit es erst gar nicht zur Eiablage kommt, beugen Sie am wirksamsten mit einem Netz vor.

Mit etwas Glück findet sich in Ihren Möhren oder anderen Doldenblütlern die beeindruckende Raupe eines Schwalbenschwanzes. Hier empfehlen wir Ihnen, sich an der farbenprächtigen Raupe zu erfreuen und so zum Schutz der relativ seltenen Schmetterlingsart beizutragen.

Ein unscheinbarerer Falter ist die Lauchmotte, deren Raupen sich in Zwiebelgewächse fressen. Zur Vorbeugung helfen hier ebenfalls Netze.

Auch die Kohleule ist ein Schädling in Ihrem Gemüsegarten. Durch den Einsatz von Netzen kommt der Nachtfalter nicht zur Eiablage.

Kartoffelkäfer

Leider muss beim Anbau von Kartoffeln immer mit dem Eintreffen der Kartoffelkäfer gerechnet werden. Der Käfer und seine Larven können innerhalb kurzer Zeit das Laub der Kartoffeln im großen Stil abfressen und so zu immensen Schäden führen. Finden sie kein Kartoffellaub mehr, wandern sie auf andere Nachtschattengewächse wie Tomaten oder vor allem Auberginen weiter. Wenngleich dies zu den unangenehmen Tätigkeiten im Garten gehört, empfehlen wir dringend, die Käfer mitsamt den Larven abzusammeln und schnell zu töten.

Gemüsefliegen

Während des Gartenjahres können Sie auf eine Reihe von Fliegen treffen, die sich jeweils auf bestimmtes Gemüse spezialisiert haben. Hier ist es sehr wichtig, einem Befall vorzubeugen, weil eine Bekämpfung fast aussichtslos ist. Die beste Vorbeugung erreicht man bei allen Gemüsefliegen durch den Einsatz von Netzen.

Die Kohlfliege legt ihre Eier in Bodennähe an den Stängel. Hier helfen sogenannte Kohlkragen, auf denen die abgelegten Eier vertrocknen, das Ausbringen von Gesteinsmehl um den Wurzelhals oder das Anhäufeln der Jungpflanzen. Ziehen Sie zum Anhäufeln einfach mit der Hacke, der Handschaufel oder den Händen die Erde zwischen den Reihen zu den Pflanzen (siehe Seite 86). Bei älteren Pflanzen ist der Strunk so verholzt, dass die Kohlfliege keinen Schaden mehr anrichten kann.

Ein weiteres Problem können Zwiebel- und Möhrenfliegen darstellen. Hier wird neben der Pflanzung in windoffenen Lagen empfohlen, Zwiebeln und Möhren in direkter Nachbarschaft anzubauen. Praktischerweise mögen Zwiebelfliegen nämlich keine Möhren, während die Möhrenfliege von Zwiebeln vertrieben wird. Natürlich schützen auch Netze vor beiden Fliegen.

Blattläuse

Zu den bekanntesten Schädlingen gehören sicherlich die Blattläuse. Die Pflanzensaft saugenden Insekten können auf mehrfache Weise zu Schäden an Ihrem Gemüse führen. Neben den durch das

Saugen hervorgerufenen Verformungen der Blätter können sie auch Pflanzenviren übertragen. Zudem sind ihre Honigtau genannten Ausscheidungen ein Nährboden für Rußtaupilze.

Gegen Blattläuse helfen einige bewährte Hausmittel. Verdünnte Jauche aus Brennnessel oder Ackerschachtelhalm (siehe Seite 88) hilft ähnlich gut wie eine schwache Seifenlauge. Auch sind im Handel einige biologische Pflanzenschutzmittel erhältlich. Bekanntermaßen sind Marienkäfer und vor allem deren Larven sehr hungrige Blattlausjäger. Florfliegen und deren Larven, die man auch Blattlauslöwen nennt, Schlupfwespen, die ihre Eier in Blattläuse legen, Schwebfliegen, Gallmücken, Raubwanzen, aber auch Spinnen und Vögel ernähren sich von Blattläusen. Vielleicht denken Sie bei allem verständlichen Ärger beim Auftauchen der Läuse daran, dass alle diese Nützlinge ein Grundangebot an Nahrung benötigen, um überle-

UNTEN Ein nicht gerne gesehener Gast: die Larve eines Kartoffelkäfers.

ben zu können. Ameisen hingegen pflegen Blattlauskolonien zur Honigtaugewinnung.

Erdflöhe

Ihre Anwesenheit erkennt man meist an kleinen runden Fraßlöchern an Radieschen, Rucola oder Kohl. Während die Schäden Jungpflanzen noch gefährlich werden können, sind sie bei größeren Pflanzen zu vernachlässigen. Weil Erdflöhe warmen und trockenen Boden lieben, ist die Vorbeugung und Regulierung recht einfach: Wässern und hacken Sie die Stellen, an denen sie auftreten, regelmäßig. Und wenn Sie ein Brett mit Leim bestreichen und es nahe über den Boden streifen, springen die Erdflöhe auf und bleiben am Brett kleben.

Übrigens können Sie Ihr Gemüse immer noch verwerten, auch wenn Sie Fraßspuren von Erdflöhen entdeckt haben. Waschen Sie es nur besonders gründlich ab.

Weiße Fliege

Ein Befall ist leicht zu erkennen. Beim Berühren der befallenen Pflanzen fliegen die weißen und etwa 1 bis 2 mm kleinen Insekten auf. Problematischer sind die Larven, die sich die meiste Zeit ihrer Entwicklung an den Blattunterseiten festsitzend mit einer Wachsschicht schützen, weshalb die Weiße Fliege zu den Mottenschildläusen gezählt wird.

Vorbeugend hilft regelmäßiges Jäten oder Hacken, weil oft zuerst Unkraut befallen wird und dieses

eine gute Luftzirkulation verhindert. Oft wird der Einsatz von Gelbtafeln, an denen die Insekten kleben bleiben, empfohlen. Gerade im Freiland sind sie jedoch weniger nützlich, weil sie schnell verschmutzen und auch andere Insekten an ihnen kleben bleiben. Zudem werden so nur die ausgewachsenen Weißen Fliegen gefangen. Wenn Sie ein Blatt mit den Larven entdecken, entfernen und vernichten Sie es am besten. Kompostieren Sie es bitte nicht. Ansonsten kann schon ein etwas schärferer Wasserstrahl, das Begießen mit Brennnesseljauche oder eine Seifenlauge helfen. Auch mag die Weiße Fliege den Geruch der Tomaten- und Basilikumpflanzen nicht, daher empfehlen wir Ihnen, die ausgegeizten Triebe der Tomatenpflanzen neben befallene Pflanzen zu legen. Eine weitere Methode ist das Besprühen der befallenen Bereiche mit einer 1 : 50-Mischung aus Bio-Speiseöl und Wasser. Hierbei werden die Tiere abgetötet.

Spinnen, Marienkäfer, Florfliegen, Raubwanzen oder Schwebfliegen zählen übrigens zu den natürlichen Feinden der Weißen Fliege.

Falscher Mehltau

Sollte der Sommer eher kühl und feucht sein, steigt die Wahrscheinlichkeit sprunghaft, dass sich Falscher Mehltau auf Ihrem Gemüse findet. Aber auch in warmen Jahren wird er mit hoher Wahrscheinlichkeit auf Gurken, Zucchini oder Kürbissen auftreten, wenn auch erst später in der Saison. Blattunterseits lässt er sich durch einen grauen bis braunen Belag erkennen, der auf der Blattoberseite zuerst helle Flecken hervorruft, die später eintrocknen und absterben. Vorbeugend sollten Sie zur besseren Durchlüftung einen ausreichenden Pflanzabstand wählen und auf einen lockeren Boden achten. Pflanzenbrühen aus Knoblauch oder Schachtelhalm stärken Ihr Gemüse. Nach Auftreten des Falschen Mehltaus empfehlen wir, die befallenen Pflanzenteile zu entfernen, um den Befallsdruck zu vermindern. Eine Kompostierung der Pflanzenteile ist unbedenklich, weil der Pilz dies nicht überlebt.

Echter Mehltau

Im Gegensatz zum Falschen ist der Echte Mehltau ein sogenannter Schönwetterpilz, weil er sich eher bei warmem und trockenem Wetter verbreitet. Deutlich zu erkennen ist er an einem weißen Belag an der Blattoberseite, der sich leicht abwischen lässt. Auch hier gilt es vorzubeugen. Achten Sie auf die empfohlenen Pflanzabstände und einen lockeren Boden. Auch gegen den Echten Mehltau können Sie Ihr Gemüse stärken. Hier schwört so mancher Gärtner auf eine Milchbrühe, mit der man die Pflanzen besprüht. Mischen Sie dazu Vollmilch mit der zehnfachen Menge Wasser. Hat der Echte Mehltau die Pflanzen befallen, sollten die befallenen Teile abgeschnitten und auf dem Kompost entsorgt werden.

Kraut- und Braunfäule

Kartoffeln und Tomaten werden früher oder später von der Kraut- und Braunfäule befallen. Man erkennt den Schadpilz namens *Phytophthora* zuerst an braunen Stellen an Blättern und Stängeln, später kann er auch auf die Früchte übergreifen. Hier hilft nur eine gute Vorbeugung. Während das

Laub Ihrer Kartoffeln zur Stärkung lediglich mit einer Brühe aus Rhabarberblättern besprüht werden kann, ist die wichtigste Maßnahme bei Tomaten, die Pflanze vor Feuchtigkeit zu schützen. Nach jedem Regen befindet sich genügend Wasser auf den Blättern, damit der Pilz auskeimen kann. Daher ist der Freilandanbau von Tomaten in unseren Breitengraden recht schwierig, aber möglich. Details dazu finden Sie auf den Seiten 80 f.

Pflanzenteile, die von Kraut- und Braunfäule befallen sind, sollten entfernt, jedoch nicht kompostiert werden.

UNTEN Die Kraut- und Braunfäule wird durch Feuchtigkeit hervorgerufen.

Die Mühe wird sich auszahlen: Freuen Sie sich jetzt schon auf eine reiche Ernte!

MEIN GARTENJAHR VON

MÄRZ BIS NOVEMBER

Säen, pflanzen, pflegen, ernten –
alles hat seine Zeit, und jeder Monat
seine Besonderheiten. Damit Sie
während der ganzen Saison ent-
spannt den Überblick behalten,
haben wir zusammengefasst, was
wann erledigt werden kann.

DAS PASSIERT IM MÄRZ

MÄRZ NICHT ZU TROCKEN UND NASS,
FÜLLT DEM BAUERN SCHEUNE UND FASS.

GUT ZU WISSEN

DER FRÜHLING IST DA – UND DAMIT AUCH DIE GARTENSAISON. KROKUSSE UND ZWIEBELGEWÄCHSE STECKEN BEREITS IHRE KÖPFCHEN AUS DER ERDE UND DIE MILDEN TEMPERATUREN LASSEN ES IM GRÜNEN DAUMEN KRIBBELN.

Vielleicht haben Sie sich schon Gedanken über die Bepflanzung Ihres Gemüsegartens gemacht? Sie können in diesem Monat mit der Gartenarbeit beginnen und bereits Gemüse aussäen. Ebenso kann frostempfindliches Gemüse auf der Fensterbank vorgezogen werden. Dann ist es groß und kräftig genug für den Umzug in Ihr Beet, im Mai, wenn keine Fröste mehr zu erwarten sind.

ÜBERBLICK: WAS LIEGT AN?

■ **Aussäen im Freiland:** Pastinaken, Ackerbohnen, Radieschen, Rettich, Rucola, Salat, Erbsen, Frühlingszwiebeln
■ **Vorziehen auf der Fensterbank:** Paprika, Artischocken, Fenchel, Sellerie, Chili, Kohlrabi, Salate, Blumenkohl, Brokkoli, Auberginen und Tomaten (Ende März)
■ **Pflanzen unter Vlies:** Kohlrabi, Salate
■ **Pflegen:** mehrjährige Kräuter zurückschneiden
■ **Sonstiges:** Bodenvorbereitung

Bodenvorbereitung

Damit es so richtig losgehen kann in Ihrem Garten, ist es notwendig, denjenigen für die Situation fit zu machen, der eine sehr wichtige Rolle spielen wird: Ihren Boden. Er speichert Wasser und Nährstoffe und bietet den Wurzeln Ihres Gemüses Struktur. Zudem ist er der Lebensraum der nützlichen Regenwürmer und unzähliger wichtiger Mikroorganismen. Nach dem Winter sollte er also eine Extrabehandlung erfahren.

Organischer Dünger

Zur Bodenvorbereitung entfernen Sie zunächst alle Pflanzenreste, die Sie vorfinden und entsorgen sie auf den Kompost. Oder – noch besser – zerkleinern Sie diese grob und verstreuen Sie sie auf der Oberfläche Ihrer Beete. Haben Sie schon **Kompost** angesetzt, verteilen Sie eine Schicht davon gleichmäßig.

UNTEN Ziehen Sie vor dem Aussäen eine Rille, zum Beispiel mit dem Stiel einer Harke.

Damit der Boden ausreichend mit Nährstoffen versorgt wird, können Sie neben den Pflanzenresten auch organischen Dünger wie **Hornspäne** in die Erde einarbeiten. Streuen Sie die Hornspäne breitwürfig aus und arbeiten Sie sie anschließend in die Erde ein. Hornspäne werden aus zerkleinertem und verschrotetem Horn von Hufen gewonnen und sind ein sehr guter Langzeitdünger, da sie einen hohen Stickstoffgehalt aufweisen. Als Dünger ebenfalls gut geeignet ist **Mist**, den Sie leicht in den Boden einarbeiten.

Ein feinkrümeliges Saatbett

Um für die Aussaat geeignete Bedingungen zu schaffen, müssen Sie die Oberfläche Ihres Bodens so vorbereiten, dass das meist sehr kleine Saatgut nicht unter größeren Klumpen verschwindet. Ziel ist also ein feinkrümeliges Saatbett. Graben Sie den Boden also um und lockern Sie ihn, z. B. mit dem Spaten, mit dem Sie auch gleich die gröbsten Klumpen zerschlagen. Jetzt kommt die Harke zum Einsatz: Ziehen Sie das Gerät mit etwas Druck so oft über die Oberfläche, bis diese eben ist und nur noch kleine Krümel Erde aufweist. Achten Sie darauf, dass auch die tieferen Erdschichten gelockert sind, damit das Wasser und die Wurzeln den Boden gut durchdringen können.

Säen

Aussaat Schritt für Schritt

1. Saatrille ziehen: Ziehen Sie jeweils eine Rille, in die Sie die Samen legen können, z. B. mit dem Stiel der Harke. Achten Sie je nach Gemüsesorte darauf, dass die Rille die entsprechende Tiefe hat. Saatgut wird immer so tief in die Erde gelegt, wie es breit ist. Spannen Sie vorher eine Gartenschnur. So stellen Sie sicher, dass die Gemüsereihen gerade nebeneinander angelegt werden. Das ist später wichtig, wenn Sie den Boden zwischen dem Gemüse lockern und Unkraut zupfen.

2. Aussäen: Nun säen Sie das Saatgut direkt in die Rille. Beachten Sie dabei den entsprechenden Abstand (siehe Aussaat- und Pflanzkalender auf Seite 22 ff.). Einige Pflanzen wie Möhren, Radieschen oder Rote Bete säen Sie dichter aus, als die Pflanzen perspektivisch stehen werden. Da nicht jedes Samenkorn keimen wird, können Sie später über das Vereinzeln bestimmen, in welchem Abstand die Pflanzen wachsen. Legen Sie die Samen in etwa so tief in die Erde, wie sie groß sind. Große Körner wie Kürbis, Erbsen oder Bohnen legen Sie also tiefer als feines Saatgut wie Radieschen, Möhren oder Rucola. Bei sogenannten Lichtkeimern wie Basilikum, Kopfsalat oder Sellerie darf nur sehr wenig Erde über die Samen gelangen, da sie, wie ihr Name sagt, Licht zur Keimung benötigen.

3. Rillen schließen: Nachdem Sie das Saatgut ausgesät haben, bedecken Sie es mit Erde. Ziehen Sie mit der Harke etwas Erde über die Reihen, sodass diese sich schließen und drücken Sie die Erde leicht an.

4. Reihen markieren: Markieren Sie die einzelnen Reihen, damit Sie sich merken, welche Gemüsesorte Sie in welche Reihe gesät haben. Hierzu können Sie Stecketiketten mit einem wasserfesten Stift beschriften.

FRAGE DES MONATS

Wo bekomme ich gutes Saatgut her?

Gerade im Frühjahr sind in fast allen Supermärkten viele Saatguttütchen zu kaufen. Auch damit können Sie gute Erfolge erzielen, es handelt sich jedoch um Ausschussware, da das beste Saatgut aus einer Zucht in der Regel an professionelle Gartenbaubetriebe geht. Wenn Sie Lust auf ausgefallene und alte Sorten haben, die mit viel Einsatz erhalten werden, empfehlen wir Ihnen einen Blick ins Internet. Hier gibt es inzwischen viele Seiten, auf denen auch sortenreine Samen vertrieben werden, z. B. www.reinsaat.at

5. Angießen: Gießen Sie das Saatgut an, damit die Körner keimen können. Verwenden Sie nicht zu viel Wasser, damit sie nicht wegschwemmen. Aus diesem Grund sollte bei einer Gießkanne immer die Tülle aufsitzen und bei einem Schlauch eine feine Zerstäubung eingestellt sein.

Was darf schon raus?

Ackerbohnen und Pastinaken sind so robust, dass Sie sie schon jetzt direkt ins Freiland säen können. Bei Radieschen kommt es sehr auf das Wetter an – der Boden sollte frostfrei sein. Salate sollten, wenn vorhanden, noch in ein Frühbeet gesät oder mit einem Vlies (siehe Seite 58) bedeckt werden.

GEMÜSE VORZIEHEN

BEI WÄRMELIEBENDEN KULTUREN EMPFIEHLT SICH VOR DER AUSPFLANZUNG INS FREILAND DIE ANZUCHT AUF DER FENSTERBANK ODER IM GEWÄCHSHAUS. SO STELLEN SIE WETTERUNABHÄNGIGE KEIMBEDINGUNGEN SOWIE EINE UNKRAUTFREIE ZONE HER UND HABEN DIE EMPFINDLICHEN JUNGPFLANZEN BESSER IM BLICK.

Ausnahmen: Gemüsesorten, von denen die unterirdischen Teile gegessen werden, säen Sie ausschließlich direkt im Freien aus. Möhren, Pastinaken oder Wurzelpetersilie etwa können sich bei einer Direktsaat gerade entwickeln – was bei einer späteren Auspflanzung nicht gewährleistet ist. Auch sehr schnell wachsendes und robustes Gemüse wie Radieschen oder Rucola sollte direkt ausgesät werden. Bei Erbsen, Bohnen oder Zuckermais ist eine Direktsaat üblich, sobald die Böden genügend erwärmt sind.

Vorziehen

Jetzt schon vorziehen

Ab Ende Februar: Artischocken, Brokkoli, Peperoni, Paprika, Kohlrabi, Salate
Ab Ende März: Tomaten, Sellerie, Auberginen

Werfen Sie doch einen Blick in unseren Aussaat- und Pflanzkalender auf Seite 22 ff. Beachten Sie außerdem unbedingt immer die Hinweise auf den Saatguttütchen und säen Sie nicht vor dem empfohlenen Termin aus!

Anzucht Schritt für Schritt

1. Sie brauchen eine Schale oder Töpfe und spezielle Anzuchterde. Diese verfügt kaum über Nährstoffe, sodass die Keimlinge auf der Suche nach Nahrung gezwungen sind, viele Wurzeln auszubilden, die sie später besser versorgen können.

2. Füllen Sie die Anzuchttöpfchen bis knapp unter den Rand mit der Anzuchterde. Achten Sie darauf, dass Sie größere Klumpen zerdrücken. Drücken Sie nun die Erde an, indem Sie z. B. mit einem Glas eine glatte Oberfläche erzeugen. Die Erde sollte keinesfalls zu verdichtet sein, ein wenig Druck sollten Sie jedoch ausüben.

UNTEN Vorziehen auf der Fensterbank macht Spaß und Lust aufs Gartenjahr.

3. Verteilen Sie die gewünschte Anzahl Samen gleichmäßig auf der Fläche. Kalkulieren Sie ein, dass nicht aus jedem Samen eine gute Pflanze wird. Dann bringen Sie eine dünne Schicht Erde über die Samen und drücken die Erde nochmals an. Sie sollte nicht bündig mit dem Rand des Gefäßes abschließen, belassen Sie einen Gießrand von etwa 1 cm. Sollte es sich um Lichtkeimer wie Basilikum, Kopfsalat oder Sellerie handeln, werden die Samen nur sehr leicht mit Erde bedeckt!

4. Gehen Sie beim Angießen sehr behutsam vor oder verwenden Sie gleich einen Zerstäuber.

5. Vergessen Sie nicht, die Aussaaten mit Stecketiketten zu beschriften.

Der richtige Platz

Entscheidend ist der richtige Platz für Ihre Anzucht: **so hell wie möglich und ausreichend warm**. Ideal ist ein Gewächshaus oder ein Wintergarten. Alternativ stellen Sie Ihr Gefäß so nah wie möglich ans Fenster, am besten an ein Südfenster. Denn schon mit wenigen Zentimetern Entfernung vom Fenster nimmt die Lichtstärke entscheidend ab. Achten Sie gut darauf, dass die Erde nicht austrocknet – sie sollte immer feucht, aber nicht nass sein!

Bilden sich nach den Keimblättern, das sind die ersten, sehr einfach geformten Blätter, die eine Pflanze bildet, die Ansätze der ersten Laubblätter, ist es Zeit, den einzelnen Pflänzchen mehr Platz zu geben. **Pikieren**, das bedeutet vereinzeln, Sie die kräftigsten Exemplare in größere Töpfe. Dafür eignet sich der Stiel einer Gabel oder eines Löffels:

Hebeln Sie die Pflanzen vorsichtig aus der Aussaatschale, nehmen Sie sie einzeln an einem Keimblatt und kürzen Sie die Hauptwurzel mit dem Fingernagel etwas ein, damit diese sich verzweigt. Machen Sie ein Loch in die nun neue, nährstoffhaltigere Erde im vorbereiteten Topf, setzen Sie die Jungpflanze ein und drücken Sie sie an, sodass der Vegetationspunkt keinesfalls mit Erde bedeckt ist. Dies ist der Punkt zwischen den oberen Laubblättern, an dem neue Zellen gebildet werden. Achten Sie auf den Gießrand und halten Sie die pikierten Pflanzen unbedingt feucht.

Hat sich nach einiger Zeit ein guter Wurzelballen entwickelt und erlauben es die Temperaturen, wird es **Zeit, Ihr Gemüse ins Freiland zu pflanzen**. Stellen Sie, wenn das Wetter bedeckt ist, die Pflanzen am Vortag schon einmal ins Freie, um sie abzuhärten und an das UV-Licht zu gewöhnen.

Pflanzen Sie Ihre Pflänzchen direkt ins Freie, wenn nicht mehr mit Bodenfrost zu rechnen ist, meist Anfang Mai. Wenn Sie sich nicht sicher sind, ob es noch einmal Frost gibt, legen Sie einfach ein schützendes Vlies darüber. Frostempfindliche Kulturen wie Tomaten, Gurken, Bohnen, Zucchini oder Kürbisse sollten Sie erst nach den Eisheiligen Mitte Mai auspflanzen.

Wenn Sie nur eine einzige Pflanze im Anzuchttöpfchen aus natürlichem Material haben, können Sie sie inklusive Töpfchen im Freiland auspflanzen. Dies verrottet, die Wurzeln wachsen hindurch. Mehrere Pflänzchen pikieren Sie zunächst vorsichtig und pflanzen sie dann aus. Wie Sie Ihren Boden dafür vorbereiten, lesen Sie im Monat April.

KLEINE FLÄCHE – GROSSE WIRKUNG

SOLLTE IHNEN KEIN GARTEN ZUR VERFÜGUNG STEHEN, IST ES NATÜRLICH TROTZDEM MÖGLICH, GEMÜSE ANZUBAUEN. HIERFÜR REICHT MANCHMAL SCHON EIN BALKON – ODER SOGAR EINE SONNIGE FENSTERBANK IM HAUS! WIR ZEIGEN, WIE SIE SCHON AUF KLEINSTEM RAUM SCHÖNE ERFOLGE ERZIELEN KÖNNEN.

Geeignete Gefäße

Da Gemüse im Wurzelbereich ein Mindestmaß an Raum benötigt, sollten Sie große Töpfe oder Blumenkästen auswählen. Diese trocknen bei heißem Wetter auch nicht so schnell aus wie kleinere: Gießen ist trotzdem öfter notwendig als im Gartenbeet, im Sommer sogar täglich. Bei allen Gefäßen müssen Sie unbedingt darauf achten, dass das Gießwasser unten durch Löcher abfließen kann, da sonst Fäulnis entsteht.

Für **Paprika** brauchen Sie Töpfe ab etwa 30 cm, für **Tomaten** etwa ab 40 cm Durchmesser. Zu große Töpfe gibt es hierfür nicht: Je größer das Gefäß, desto größer kann die Pflanze werden. In Balkonkästen können Sie mehrere Kulturen nebeneinander setzen, seien es Kräuter, Salate oder Radies-

UNTEN Auch der Balkon bietet Platz und Möglichkeiten, eigenes Gemüse anzubauen.

chen. Selbstverständlich können Sie auch Holzkisten nehmen – oder gleich selbst zimmern und mit Vlies auskleiden, das Sie kurzerhand von innen an die Wände tackern.

Kräuter finden schon in kleineren Töpfen ab etwa 15 cm Durchmesser Platz – eignen sich also auch hervorragend für die Fensterbank. Ebenso bietet sich für Kräuter das vertikale Gärtnern an. Dabei wachsen die Pflanzen nicht, wie üblich, neben-, sondern untereinander, gerne in ungewöhnlichen Gefäßen wie umgedrehten Tetrapacks oder Plastikflaschen: einfach den Boden abschneiden, mit Erde füllen und bepflanzen. Ebenfalls gut geeignet sind große Konservendosen. Wenn Sie die selbst gebastelten Töpfchen in einer vertikalen Reihe übereinanderhängen, kann das abfließende Gießwasser einfach in das Gefäß darunter tropfen. Im Handel sind zudem Pflanzbeutel erhältlich, die ebenfalls diesen Zwecken dienen.

Sonnenhungriges Gemüse

Da die Bedingungen je nach Balkon oder Terrasse sehr unterschiedlich sind, empfehlen wir Ihnen, Ihr Lieblingsgemüse dort einfach einmal im Topf auszuprobieren. Gemüse ist in aller Regel sonnenhungrig – braucht also einen **hellen Platz** –, dies gilt vor allem für Tomaten, Auberginen und Gurken. Während man beim Balkon kaum eine Wahl hat, sollte bei einem Anbau im Haus bzw. auf dem Fensterbrett immer ein Südfenster die erste Wahl sein. Oft unterschätzt wird zudem, dass die Helligkeit im Raum deutlich abnimmt, je mehr Sie sich vom Fenster entfernen, auch wenn das für das bloße Auge schwer wahrzunehmen ist.

Doch selbst **wenn Ihr Balkon nur wenig Sonne abbekommt**, können Sie dort noch einiges an Gemüse und Kräutern anbauen. Bärlauch etwa, der in der Natur eher im Wald vorkommt, bevorzugt sogar den Schatten. Auch Kräuter wie Sauerampfer, Waldmeister, verschiedene Minzen, Brunnenkresse, Schnittlauch oder Petersilie gedeihen im Schatten oder Halbschatten. In Bezug auf Gemüse haben Sie bei Mangold, Roter Bete, Feldsalat, Spinat, Blattsalaten, Buschbohnen, Radieschen, Kohlrabi, Brokkoli oder Grünkohl gute Aussichten auf Erfolg, wenn sich die Sonne auf Ihrem Balkon nur kurze Zeit am Tag blicken lässt.

Kartoffeln auf Balkonien

Durch ihren unterirdischen Wuchs sind **Kartoffeln** besonders gut geeignet, um auf dem Balkon oder der Terrasse zu wachsen.

Hierzu können Sie einen Pflanzsack aus dem Gartencenter oder einen Rucksack oder Kartoffelsack nehmen. Wichtig ist auch hier, dass der Behälter luft- und wasserdurchlässig ist.

Füllen Sie den Sack mit einem Gemisch aus Erde und reifem Kompost und stecken Sie ab Ende April eine vorgekeimte Kartoffel hinein (siehe Seite 114). Stellen Sie den Sack an einen warmen Platz. Bei größeren Säcken können Sie auch mehrere Kartoffeln nehmen, die Knollen brauchen ca. 10 cm Abstand zueinander und werden 10 cm tief in die Erde gesteckt.

Ernten können Sie etwa ab August, wenn das Laub eingetrocknet ist.

DAS PASSIERT IM APRIL

BRINGT DER APRIL VIEL REGEN, SO DEUTET DER AUF SEGEN.

GUT ZU WISSEN

DER FRÜHLING IST DA! DIE STEIGENDEN TEMPERATUREN STIMMEN NICHT NUR DIE MENSCHEN, SONDERN AUCH DIE NATUR AUF DIE VOR UNS LIEGENDE WARME JAHRESZEIT EIN.

Sie können in diesem Monat weiteres Gemüse direkt in Ihr Gemüsebeet säen. Und wenn Sie bereits im März etwas ausgesät haben, steckt das erste Grün das Köpfchen aus der einen oder anderen Stelle im Beet.

Wettertechnisch macht der April nun mal, was er will. Wie stark Sie in Ihrem Garten schon durchstarten können, hängt zu großen Teilen davon ab, ob es schon mild oder noch kalt ist. Doch eins ist sicher: Das Frühjahr ist nicht aufzuhalten!

ÜBERBLICK: WAS LIEGT AN?

■ **Aussäen:** Möhren, Petersilie, Dill, Mangold, Rote Bete, Spinat, Salate, Radieschen, Rettich, Rucola, Erbsen, Zwiebeln, Mairüben

■ **Vorziehen auf der Fensterbank:** Tomaten, Zucchini, Gurken, Sellerie, Basilikum, Kürbisse

■ **Pflanzen:** Fenchel, Salate, Kohlrabi, Blumenkohl, Brokkoli, Kopfkohl, Zwiebeln, Porree, Kartoffeln (unter Vlies)

■ **Pflegen:** Schnittlauch teilen (s. Seite 110)

■ **Sonstiges:** Anzuchten pikieren (s. Seite 51)

Säen

Wie Sie Ihr Gemüse am besten aussäen, haben wir im März beschrieben. Grundsätzlich unterscheiden Sie nun, welche Kulturen Sie direkt ins Freiland säen und welche Sie noch vorziehen.

Aussäen

Für die **Fensterbank** oder das **Gewächshaus** kommt nun die Zeit der wärmeliebenden Pflanzen, die dann ab Mitte Mai ins Freiland können. Da Paprika, Auberginen und Artischocken eine lange Entwicklungszeit haben, waren sie schon im März dran. Jetzt sind Tomaten, Gurken, Zucchini, Melonen oder Basilikum an der Reihe. Beginnen Sie bei ihnen zu früh mit dem Vorziehen, vergeilen sie, bevor Sie sie ins Freiland setzen. Meist ist es in der Wohnung zu dieser Jahreszeit nämlich so dunkel, dass gerade diese Pflänzchen sehr dünne und lange Stiele bekommen, selbst an einem Südfenster.

UNTEN Steckzwiebeln legen über das Gartenjahr noch einiges an Masse zu.

Widerstandsfähiger sind Sie natürlich, wenn Sie kompakter wachsen. Dies sollte bei einer Anzucht im Gewächshaus kein Problem sein.

Im **Freiland** empfiehlt es sich bereits bei der Aussaat, die optimalen »Nachbarn« nicht aus den Augen zu verlieren. Welches Gemüse gut zueinander passt, können Sie unter »Gute Nachbarschaft« auf Seite 26 nachlesen. Und denken Sie an die Zukunft: Lassen Sie neben Ihren gesäten Reihen einfach Platz für die Gemüsesorten, die später gesät oder gepflanzt werden.

Bei **Zwiebeln** können Sie wählen, ob Sie sie aussäen möchten (dann dauert die Kulturzeit etwas länger) oder ob Sie sie stecken wollen. Steckzwiebeln sind professionell angezogene Zwiebeln, die Sie dicht an dicht mit dem Wurzelansatz so in die Erde bringen, dass die Spitze leicht herausschaut. Bald werden sie Wurzeln und das erste Grün bilden und über den Sommer an Masse zulegen. Da auch Vögel dies interessant finden, empfiehlt es sich, die Zwiebeln zu Beginn der Saison mit einem Netz zu schützen. Das Gleiche gilt für Erbsen, da ihre Samen eine beliebte Nahrung der Vögel sind.

Die Aussaat von **Petersilie** ist nicht ganz einfach: Sie wächst sehr langsam und muss dementsprechend durchgängig feucht gehalten werden. Außerdem ist die Aussaat oft schwer wiederzufinden, weil das Unkraut deutlich schneller ist und man sehr genau hinsehen muss, um die erwünschten Pflänzchen zu erkennen. Alternativ können Sie sich Jungpflanzen besorgen oder die Kräuter im Haus vorziehen, sodass sie zum Zeitpunkt der Pflanzung schon einen Vorsprung haben.

Pflanzen

Vorbereitung des Beets

Wenn Sie Gemüse als Jungpflanze auspflanzen, ist es wichtig, dass der Boden entsprechend vorbereitet wird. Dazu zerschlagen Sie größere Erdklumpen mit der Harke, bis Sie eine feine Bodenstruktur haben. Die Erde ziehen Sie dann mit dem Rechen glatt. So bekommen die Pflanzen nach dem Andrücken einen guten Bodenschluss.

Pflanzabstand

Beachten Sie die detaillierten Angaben im **Aussaat- und Pflanzkalender auf Seite 22 ff**. Das Ignorieren das Pflanzabstands führt meist zu unerwünschten Reaktionen der Pflanzen wie z.B. Schießen (ungewollt in Blüte gehen), keine Früchte ansetzen (Zucchini) oder nicht die gewünschte Form erzielen (Salat oder Fenchel).

Jungpflanzen setzen

Jungpflanzen sollten einen gut durchwurzelten Ballen haben. Man setzt sie so ein, dass die Oberfläche des Pflanzballens mit der Beetoberfläche abschließt. Hierfür nimmt man die entsprechende Menge Erde aus der Pflanzstelle, setzt die Pflanze ein, drückt den Ballen an und gleicht entstandene Löcher mit der abgenommenen Erde aus.

Es gibt auch Pflanzen, die man tiefer setzt, beispielsweise **Tomaten** oder **Kohl** (Ausnahme: Kohlrabi). Setzen Sie diese Pflänzchen so, dass Keimblätter und Stiel bis zu den ersten regulären Laubblättern in der Erde verschwinden. Der Vegetationspunkt muss immer aus der Erde herausschauen (das ist die Stelle der Pflanze, die durch Zellteilung für ständiges Wachstum sorgt). Bei Kohl sorgt die tiefe Pflanzung für eine bessere Standfestigkeit und verhindert die Eiablage der Kohlfliege, bei der Tomate bilden sich im unterirdischen Bereich weitere Seitenwurzeln, die die Pflanze über die Saison besser versorgen.

Salate pflanzt man hoch, um das Faulen der unteren Blätter durch eine bessere Belüftung zu reduzieren. Drücken Sie nur das untere Ende des Ballens gut an der Erde an. Durch die hohe Pflanzung ist es sehr wichtig, dass die Pflanzstelle nicht austrocknet, bevor die Wurzeln tiefere Schichten erreichen. Gießen Sie besonders gründlich an.

Auch **Kartoffeln** werden gepflanzt. Die Besonderheit: Man gibt weder Samen noch Jungpflanzen in die Erde, sondern Kartoffeln aus dem Vorjahr. Ziehen Sie hierfür Furchen im Abstand von 60 cm und legen Sie alle 30 cm eine Kartoffel in den Boden. Bilden Sie dann einen Damm über den Reihen, der sich besser erwärmt als flache Erde. Frühkartoffeln können Sie schon jetzt in den Boden geben, mit späten Sorten sollten Sie noch bis Mai warten. Schützen Sie die Kartoffeln jetzt noch mit einer Folie oder einem Vlies vor Frost.

Anlaufschwierigkeiten sind normal: Das junge Gemüse muss sich nach dem Pflanzen erst mal auf die neuen Bedingungen einstellen, was Stress bedeutet. Bedecktes Wetter kann diesen verringern und ist zum Pflanzen somit weitaus besser geeignet als sonnige Tage.

NETZ UND VLIES

LEIDER WIRD IHR GEMÜSE AUCH VON UNGEBETENEN GÄSTEN BESUCHT WERDEN.
SIE KÖNNEN ES ABER EINFACH SCHÜTZEN, INDEM SIE VLIESE UND NETZE VERWENDEN.
BEI DER HANDHABUNG GIBT ES ALLERDINGS EINIGES ZU BEACHTEN, DAMIT
WEDER IHR GEMÜSE NOCH VÖGEL SCHADEN NEHMEN.

Schutznetze

Ein Schutznetz ist das ideale Mittel, um eine Vielzahl von Schädlingen zuverlässig abzuwehren. Besonders Blattläuse, Erdflöhe, Gemüsefliegen, Raupen, aber auch Vögel, Kaninchen oder andere Tiere können Schaden anrichten.

Achten Sie bei der Auswahl Ihrer Schutznetze unbedingt auf die Lochweite im Netz. Ist diese zu groß, lassen sich nicht alle Schädlinge verlässlich fernhalten. Eine **Lochweite von unter einem Millimeter** bietet Schutz vor sehr kleinen Schädlingen. Zudem entsteht tatsächlich auch unter dem Netz ein Mikroklima, das gerade im Frühjahr das Wachstum Ihrer Gemüsepflanzen begünstigt. Da ein Netz trotzdem eine Luftzirkulation ermöglicht, steht auch dem Einsatz bei hohen Temperaturen im Sommer nichts entgegen.

Wählen Sie ein Netz mit einer größeren **Lochweite ab 5 Millimeter**, empfehlen wir Ihnen, dieses erhöht anzubringen. Bambusstäbe eignen sich hierfür gut. Damit das Netz zuverlässig auf den Stäben zum Liegen kommt, können Sie umgedrehte Blumentöpfe, Becher oder Tennisbälle aufstecken. Durch die Erhöhung des Schutznetzes verhindern Sie, dass Vögel oder Kaninchen sich auf das Netz setzen und durch die Löcher an Ihrem Gemüse knabbern.

Vliese

Vliese sind eine kostengünstige Alternative zu Schutznetzen, sie unterliegen jedoch Einschränkungen und bedürfen einer besonderen Handhabung. Im Frühjahr eignen sie sich zum Schutz vor kalter Witterung. Zudem erfüllen sie die gleiche Schutzfunktion vor Vögeln oder Wild.

Steigen die Temperaturen, sollte man das Vlies jedoch zunächst tagsüber aufdecken, womit dessen Schutzfunktion entfällt. Im Frühsommer bei Tem-

HINWEIS

Beachten Sie bitte, dass sich Vögel in grobmaschigen Netzen ab 5 Millimeter leicht verfangen und zu Schaden kommen können. Um dies zu vermeiden, ist einem engmaschigen Netz in jedem Fall der Vorzug zu geben.

peraturen über 20 °C muss es ganz entfernt werden, denn die hohen Temperaturen unter dem Vlies verursachen bei Ihrem Gemüse Stress und begünstigen Pilzerkrankungen.

Durch die geringe Haltbarkeit führen Vliese zudem zu einem Müllproblem, denn sie sind oftmals nicht länger verwendbar als eine Saison. Die ökologischere Variante sind also Netze und sollten daher bevorzugt verwendet werden.

Handhabung

Legen Sie Ihr Kulturschutznetz oder Vlies am besten direkt nach der Aussaat oder Pflanzung Ihres Gemüses auf die gefährdeten Kulturen.

Zu diesen gehören neben den Salat- und Kohljungpflanzen auch Aussaaten wie die Bohne, der Zuckermais, die Erbse und alle Saaten, die mit dem Kohl verwandt sind, da diese besonders gerne von Erdflöhen besucht werden.

Achten Sie immer darauf, dass das Netz oder das Vlies lückenlos in die Erde reicht und Kaninchen und Co. keine Möglichkeit haben, darunter zu kriechen. Graben Sie hierfür am besten die Ränder gründlich ein, oder – wenn Sie auf Nummer sicher gehen wollen – nutzen Sie einfach praktische Erdnägel zur Befestigung. Das Netz sollte locker über Ihren Gemüsepflanzen liegen, um diesen ausreichend Platz für das Wachstum nach oben zu bieten. Zudem empfiehlt es sich, das Netz oder Vlies spätestens alle zwei Wochen komplett abzunehmen, um darunter Unkraut zu jäten und den Boden zu lockern.

Hat Ihr Gemüse eine gewisse Größe erreicht, kann das Schutznetz entfernt werden, da größere Pflanzen robuster gegenüber Schädlingen und Tieren sind. Oder Sie nutzen es, um neu gepflanztes oder gesätes Gemüse zu schützen. Zur Erinnerung: Vliese sollten ab 20 °C komplett entfernt werden.

UNTEN Mit Erdnägeln sorgen Sie für eine gute Befestigung des Kulturschutznetzes.

DAS PASSIERT IM MAI

WIND IM MAI VERWEHT DEN GRAM, DER JUNI WIRD DANACH STETS WARM.

GUT ZU WISSEN

DER WONNEMONAT MAI HÄLT EIN FÜR IHREN GEMÜSEGARTEN ENTSCHEIDENDES DATUM BEREIT: MIT DEN EISHEILIGEN ZUR MONATSMITTE IST KEIN FROST MEHR ZU ERWARTEN.

Auch wenn es im Mai so scheint, als wäre der Sommer schon da – es gibt immer noch das Risiko eines späten Frostes. Und nachdem die Eisheiligen sich nicht unbedingt an den Kalender halten, müssen Sie den Wetterbericht jetzt besonders im Auge behalten. Sind die Eisheiligen vorbei, können Sie nun auch alle kälteempfindlichen Kulturen wie Tomaten, Gurken, Zucchini, Kürbisse, Bohnen, Zuckermais oder Basilikum ins Freie setzen bzw. aussäen. Die Saison ist also in vollem Gange!

ÜBERBLICK: WAS LIEGT AN?

■ **Aussäen:** alle Sommerkulturen, also auch Bohnen, Erbsen, Rettich, Rote Bete, Rucola, Pflücksalate, Möhren, Mangold, Mairüben, Zuckermais und Kapuzinerkresse; Spinat jedoch erst wieder ab Mitte Juli

■ **Pflanzen:** Fenchel, Sellerie, Salate, Kohlrabi, Blumenkohl, Brokkoli, Kopfkohl, Tomaten, Zucchini, Kürbisse, Gurken, Paprika, Auberginen, Artischocken, Porree

■ **Ernten:** Salate, Radieschen, Spinat

■ **Pflegen:** regelmäßig nach Unkraut sehen, bei Bedarf gießen

■ **Sonstiges:** erste Nachsaaten planen, Gemüse bei Bedarf mit Netzen schützen

Säen

Nach den Eisheiligen können Sie nun auch die frostempfindlichen Kulturen direkt ins Freiland säen. Haben Sie keine Gurken, Zucchini oder Kürbisse vorgezogen, können Sie sie auch direkt säen. Zudem können Sie jetzt fast alle Sommersorten ins Freiland säen.

Aber auch hier gibt es **Ausnahmen**: Da Spinat an langen Tagen schnell in Blüte geht, sollten Sie bis Mitte Juli eine Aussaatpause einlegen. Bei Kopfkohl gehen Sie auf Nummer sicher, wenn Sie die Vorzucht noch im Haus erledigen, da er warme Anzuchttemperaturen benötigt und andernfalls schießt. Ansonsten benötigen Sie Ihre Fensterbank nicht mehr für Ihr Gemüse.

UNTEN   Früh gesäter Zuckermais kann Stangen- oder Feuerbohnen als Rankhilfe dienen.

Legen Sie ab den Eisheiligen Ihren **Zuckermais**. Er ist sehr wärmeliebend und benötigt hohe Keimtemperaturen. Bedenken Sie bei der Standortwahl auch, dass Mais sehr hoch wird und dementsprechend Schatten auf andere Kulturen werfen kann. Außerdem beansprucht er viel Platz und Nährstoffe: 60 cm zwischen den Reihen und 30 cm in der Reihe sollte man jeder Pflanze zugestehen. Nach der Keimung ist Mais zwar leicht von anderem Gemüse, aber gar nicht so einfach von Gras zu unterscheiden, da er selbst zur Familie der Gräser gehört. Während der Wachstumsphase sollten Sie die Pflänzchen anhäufeln (siehe dazu Seite 86), da sie so einen sichereren Stand haben und weitere Seitenwurzeln bilden.

Auch für Bohnen ist nach den Eisheiligen die richtige Aussaatzeit. Während Buschbohnen leichter in der Pflege sind, benötigen **Stangenbohnen** eine Rankhilfe, die wir auf Seite 66 näher beschreiben. Legen Sie hier pro Saatstelle 5 Körner in die Erde um eine solche Rankhilfe. Da Pflanzen immer Richtung Licht wachsen, sollte die Rankhilfe zwischen Sonnenlauf und Aussaatstelle sein. Die Pflänzchen werden die Hilfe von alleine annehmen und sich an ihr hochwinden. Wenn Sie nachhelfen möchten, beachten Sie bitte, dass Bohnen sich immer gegen den Uhrzeigersinn winden und sich wieder lösen, wenn Sie sie in der falschen Richtung um die Rankhilfe wickeln.

Wenn Sie Zuckermais und Stangenbohnen nebeneinander aussäen, werden sich die Bohnen am Mais hochwinden, so er denn einen Wuchsvorsprung von vier bis sechs Wochen hat. Die Rankhilfe wird damit überflüssig.

Das Ausbringen mehrerer Körner pro Stelle nennt sich Horstsaat und ist auch für **Buschbohnen** üblich. Legen Sie hier 3 bis 5 Bohnen im Abstand von 20 × 20 cm in die Erde. Damit Bohnen schneller keimen, können Sie sie vor der Aussaat auch einen Tag ins Wasser legen. Da sie aufgrund ihrer Größe nicht verklumpen können, ist dies eine gute Methode, um sie in Schwung zu bringen. Angießen sollten Sie Ihre Aussaat dann trotzdem.

Pflanzen

Wie bereits erwähnt, sind die Eisheiligen ein entscheidender Tag für viele Gemüsesorten. Da nun kein Frost mehr zu erwarten ist, können alle Pflanzen ins Freiland gesetzt werden. Gerne weisen wir auch hier nochmals auf die empfohlenen **Pflanzabstände** hin (siehe Seite 22 ff.). Gerade bei den wärmeliebenden Kulturen wird der Raumanspruch der einzelnen Pflanzen oft unterschätzt, sieht doch ein Beet mit kleinen Jungpflanzen mit einem Abstand von 100 × 40 cm wie bei den Landgurken anfangs sehr leer aus. Die Pflanzen werden den Raum jedoch rasch füllen.

Als kleine **zeitliche Überbrückung** können Sie den Platz jedoch für eine schnelle Radieschenaussaat nutzen. Bis diesen droht, überwuchert zu werden, sind sie auch schon erntereif.

Bei der Aussaat von **Zucchini** ist zu bedenken, dass nur eine Pflanze oft so reichlich Früchte abwirft, dass sie in der Regel für einen Haushalt ausreichen. Wollen Sie also mehr als eine Zucchinipflanze im Garten haben, empfehlen wir Ihnen, hier die Sorten zu variieren. Neben den bekannten grünen und gelben länglichen Sorten gibt es beispielsweise die 'Rondinis', die etwa tennisballgroß geerntet werden, oder die weißen und an Ufos erinnernden 'Patissons'.

Weil **Kürbisse** und **Gurken** lange Ranken bilden, können Sie davon ruhig 2 bis 3 Pflänzchen pro Pflanzstelle in die Erde bringen. Diese werden recht schnell in alle Richtungen wachsen und möglicherweise anderen Pflanzen in die Quere kommen. Sie können die Ranken natürlich auch umlegen, also umdirigieren, und mit ihnen z.B. einen flachen Kreis um die Pflanzstelle bilden oder aber durch eine kleine Konstruktion das Wachstum in die Höhe anbieten. In diesem Falle sollten Sie aber gerade bei Kürbissen beachten, dass diese schwer werden und abreißen können, wenn Sie den Erdboden verlassen.

DIE EISHEILIGEN

Die jahrhundertelangen Beobachtungen des Wetters und der Witterung durch Bauern sind der Ursprung der Eisheiligen, auch die »gestrengen Herren« oder »Eismänner« genannt, wiewohl die kalte Sophie, die letzte Heilige in der Reihe, eine Frau ist. Entscheidend sind die Tage, an denen wetterstatistisch mit einer N/NO-Wetterlage zu rechnen ist. Diese bringt Kaltluft aus dem Norden zu uns und somit eventuelle Nachtfröste. In der Regel ist dies die letzte Kaltfront vor dem Sommer. Die Erfahrung zeigt, dass dies Mitte Mai ist.

Pflegen

Nicht nur das Gemüse, auch das Unkraut wird die guten Bedingungen nutzen, um kräftig zu wachsen. Da es aber mit Ihrem Gemüse um Licht, Wasser und Nährstoffe konkurriert, sollten Sie es frühzeitig entfernen.

Bis Sie ein Gefühl dafür entwickelt haben, ist die **Unterscheidung zwischen Unkraut und keimendem Gemüse** recht schwierig. Das ungeübte Auge muss daher genau hinschauen: Wächst in Ihrem Beet eine Pflanze auffallend in Reih und Glied? Dann ist es mit großer Wahrscheinlichkeit das Gemüse, das Sie ausgesät haben. All das, was dazwischen wächst, ist vermutlich unerwünscht. Bestimmt hilft auch ein Blick auf die Unkräuter-Übersicht auf Seite 28 ff.

Hacken Sie, sobald Sie das Unkraut unterscheiden können, bei trockenem Wetter **zwischen Ih-** ren Gemüsereihen. Ziehen Sie die Hacke dafür mit Druck knapp unter der Oberfläche entlang. Das Unkraut wird so abgeschlagen und vertrocknet an Ort und Stelle – muss also nicht kompostiert werden. Praktischerweise lockern Sie beim Hacken zusätzlich den Boden, sodass Luft und Wasser leichter aufgenommen werden und das Wasser besser im Boden verbleibt.

In den Reihen müssen Sie hingegen im wahrsten Sinne des Wortes Hand anlegen. **Jäten** Sie das Unkraut, indem Sie mit einer Hand das Gemüse festhalten, sodass es nicht versehentlich herausgezogen wird, und mit der anderen Hand das Unkraut zupfen. Dies geht bei feuchtem Boden deutlich leichter als bei trockenem.

Ist das Unkraut noch klein und ohne Blüten, können Sie es einfach an Ort und Stelle liegen und vertrocknen lassen – bei Feuchtigkeit besteht jedoch die Gefahr, dass es wieder anwächst. Um hier keinerlei Risiko einzugehen, empfehlen wir Ihnen den Gang zum Kompost.

UNTEN Kümmern Sie sich zeitig um das Unkraut, damit das Gemüse genug Platz hat.

Sie sollten in jedem Falle vermeiden, dass das Unkraut Samen ausbildet. Diese können teils jahrzehntelang im Boden überdauern und überstehen oft auch die Kompostierung. Das führt dazu, dass im Laufe der Jahre mehr anstatt weniger Unkraut erscheinen wird.

Ernten

Im Mai können meist schon Radieschen, Salate und Spinat geerntet werden.

Radieschen: Ziehen Sie die dicksten Exemplare aus der Erde und lassen Sie die kleineren weiterwachsen. Radieschen sollten generell nicht zu groß werden, weil sie sonst verholzen. Daher können Sie mit der Ernte kontinuierlich fortfahren. Ideal ist eine Größe zwischen 2 und 2,5 cm.

Nach ausgiebigem Regen drohen die Radieschen zu platzen. Sie schauen dann zwar nicht mehr so schön aus, sind jedoch weiterhin genießbar.

Salate: Schneiden Sie die Salatköpfe einfach mit einem Messer in Bodennähe ab. Salat ist im Kühlschrank ausgezeichnet lagerfähig, sodass Sie mehrere Tage von ihm essen können. Kalkulieren Sie mit ein, dass der Salat in Ihrem Garten zwischenzeitlich größer und größer wird. Es lohnt sich also, bereits jetzt auch schon kleine Köpfe zu ernten, damit sie sehr zart und lecker schmecken.

Spinat: Zupfen Sie sich die größten Blätter ab und genießen Sie ihn roh im Salat oder gekocht als leckere Beilage zu Fisch oder Fleisch. Sie werden mehrmals Spinat ernten können, bis dieser zu schießen beginnt. Dabei bildet er eine Blüte aus. Dann ist der Zeitpunkt gekommen, die Spinatpflanzen zu entfernen. Lassen Sie den Spinat nicht blühen und Samen ausbilden.

UNTEN Radieschen, Salat und Spinat können oft schon im Mai geerntet werden.

RANKHILFEN

EINIGE DER GEMÜSEKULTUREN BENÖTIGEN EINE STÜTZE, UM IN DIE HÖHE WACHSEN ZU KÖNNEN. STANGENBOHNEN UND ERBSEN NEHMEN DIESE VON ALLEINE AN, BEI TOMATEN MÜSSEN SIE EIN BISSCHEN NACHHELFEN.

Tomaten

Die einfachste Methode für Tomaten ist die Verwendung von Spiralstäben, an denen Sie die Pflanze hochleiten können. Der Stiel muss hier etwa alle 30 bis 40 cm angebunden werden, da die Pflanze sonst später mit dem Gewicht der Früchte abrutscht. Da Tomaten aber ohnehin besser mit Regenschutz wachsen (siehe Seite 80 f.), lohnt es sich, eine festere Konstruktion zu bauen, die auch den Regen abhält. In dem Fall können Sie am Dach Ihrer Konstruktion Schnüre befestigen, an denen Sie die Pflanzen hochleiten. Dies

UNTEN Ohne Pflege und Stütze würden Tomaten buschig und nicht sonderlich hoch wachsen.

funktioniert besser als mit den Stäben. Wickeln Sie den Haupttrieb immer wieder vorsichtig um die Schnur, sodass er nicht abbricht.

Sollte das doch einmal passieren, nehmen Sie den obersten Trieb in der obersten Blattachse (sogenannter Geiztrieb), und brechen ihn nicht heraus, sondern nutzen ihn als neuen Haupttrieb. Haben die Pflanzen das Dach der Konstruktion erreicht, können Sie diesen Trieb kappen. Für eine Alternative dazu müssen Ihre Schnüre so geplant sein, dass Sie nachträglich noch Länge zugeben können. Entfernen Sie dann die untersten Blätter der Tomate, geben Sie Schnur nach unten und dirigieren Sie den Haupttrieb vorsichtig in Bodennähe um, sodass er nicht abbricht. Die Schnur ist an der Tomatenpflanze selbst befestigt, die immer wieder um die Schnur gewickelt wird, d. h., man kann von oben Schnur nachgeben, ohne dass diese sich irgendwo sonst löst.

Stangenbohnen

Stangenbohnen hingegen ranken von alleine – sie brauchen zwar eine Rankhilfe, müssen aber nicht daran befestigt werden. Der Klassiker im Garten sind die Bohnenstangen, die mindestens 2 m hoch sein sollten und zu einem Kegel gruppiert werden können. Alternativ können Sie hohe Pfosten in Ihr Beet einschlagen, deren Spitzen Sie mit einem stärkeren Draht verbinden. Tun Sie das auch am Boden. Spannen Sie nun im Abstand von 60 cm vertikale Schnüre zwischen den beiden Drähten. Vermutlich müssen Sie nach Errichtung Ihrer Konstruktion den Boden darunter nochmals lockern. Am Fuß dieser Schnüre legen Sie dann jeweils 5 Bohnen im Halbkreis um die Schnur. Nach der Keimung werden die jungen Bohnen die Schnüre finden und sich an ihnen hochwinden. Bohnen sind übrigens Linkswinder. Das heißt, sie legen sich immer gegen den Uhrzeigersinn um die Stütze. Einfacher ist der Anbau von Buschbohnen, da sie nicht in die Höhe wachsen und so keine Stütze benötigen.

Erbsen

Damit die zarte Erbse stabil steht und im Wind nicht umknickt, empfehlen wir Ihnen auch hier eine Rankhilfe. Am besten stellen Sie diese auf, sobald die Erbse kleine Ranken gebildet hat, mit denen sie sich daran festklammern kann. Die Rankhilfe sollte höchstens 1 m hoch sein. Hierfür können Sie z. B. Äste oder Bambusstäbe verwenden: einfach in die Erde stecken, die Erbse erledigt den Rest alleine. Außerdem bekommt die Pflanze so mehr Sonne ab.

Kürbisse und Gurken

Kürbisse und Gurken bilden sehr lange Ranken, die viel Platz im Beet beanspruchen. Wenn es trotz guter Planung doch zu eng wird, können Sie die beiden Kulturen auch nach oben leiten. Bieten Sie den Pflanzen in Sonnenrichtung beispielsweise ein Gestell mit einigen Querstreben von etwa einem Meter Höhe an, wachsen die Pflanzen daran hoch, anstatt mehr Grundfläche zu beanspruchen. Beim Kürbis sollten Sie jedoch darauf achten, dass nicht zu viele Früchte an der Erhöhung wachsen, da das Gewicht die Pflanze sonst herunterreißen kann.

Stützen

RECHTS Auch Gurken nehmen Rankhilfen gerne an, um in die Höhe zu wachsen.

Gemüse des Monats: Salat

SALAT ERFREUT SICH GERADE IM FRÜHJAHR GROSSER BELIEBTHEIT, DENN ES GIBT IHN IN VIELEN VERSCHIEDENEN ARTEN UND FARBEN. ER IST NICHT NUR GESUND, SONDERN AUCH EIN BUNTER HINGUCKER UND DARF IN KEINEM GEMÜSEGARTEN FEHLEN.

Überblick

Als **Kopfsalat** bezeichnet man die lockeren, flachrunden Köpfe mit zarten, glatten Blättern. **Romanasalat** hat eine eher längliche Form mit härteren, knackigen Blättern. **Eisbergsalat** mit dichten, runden Köpfen ist hellgrün und besonders knackig. **Pflücksalate** erntet man nicht als Kopf, sondern schneidet fortwährend einzelne Blätter ab. **Rucola** ist eine Salatpflanze, die sich wegen ihres scharfen, würzigen Geschmackes hervorragend für die mediterrane Küche eignet.

Aussaat und Pflanzung

Aussaat: Säen Sie Salat in Reihen mit etwa 20 cm Abstand. Bei **Kopfsalat** müssen Sie später in der Reihe auf 20 cm vereinzeln, damit sich ein Kopf bilden kann. Bei **Pflücksalaten** können Sie die Pflänzchen enger stehen lassen. Salat gehört zu den Lichtkeimern. Das bedeutet, dass Sie die Samen nur sehr leicht mit Erde bedecken sollten, sie alternativ aber auch einfach andrücken können. **Rucola** bevorzugt einen sonnigen Standort und viel Feuchtigkeit, da die Wurzeln sehr flach, aber nicht tief wachsen. Die Aussaat erfolgt ab 15 °C von Anfang April bis Anfang September direkt ins Freiland. Hierzu sollte der Boden vor der Aussaat

LINKS Kopfsalat ist nicht nur lecker und gesund, sondern auch sehr hübsch im Beet.

tiefgründig gelockert werden. Legen Sie die Samen in 1 cm tiefe Rillen mit einem Reihenabstand zu anderen Kulturen von 15 bis 20 cm. Sie können den Rucola eng säen, ein Vereinzeln ist später nicht erforderlich.

Pflanzung: Alternativ können Sie Jungpflanzen setzen, sobald sie 4 bis 5 Blätter haben. Auch hier ist es wichtig, sie nach der Pflanzung ausreichend zu gießen und feucht zu halten. Pflanzen Sie Salat hoch, damit er immer gut durchlüftet ist. Hoch pflanzen bedeutet, dass man den Ballen nur ein paar Zentimeter tief in die Erde drückt und der Rest oben rausschaut.

Pflege

Der Boden, auf dem Salat angebaut wird, sollte nicht zu leicht austrocknen. Achten Sie also gerade nach einer Pflanzung gut darauf, dass Sie die Erde feucht halten. Ansonsten stellt Salat keine besonderen Ansprüche. Hitze mag er nicht zu gern, er bevorzugt eher den Halbschatten. Hacken und jäten Sie Ihr Beet regelmäßig. Bei Wassermangel geraten die Pflanzen in Not. Sie versuchen dann, Blüten und Samen zu bilden, um sich zu vermehren, bevor sie sterben. Diesen Vorgang nennt man (aus der Saat) schießen. Der Salat schmeckt in diesem Fall bitter und eignet sich nicht zum Verzehr.

Ernte

Sobald sich Köpfe gebildet haben, kann man den Salat ernten, ehe er schießt oder fault. Ernten Sie Salat bei trockenem Wetter, sonst fault er schneller. Bei starker Hitze empfehlen wir, den Salat morgens zu schneiden. Schneiden Sie den **Salatkopf** ca. 2,5 cm über dem Boden mit einem Messer ab. **Pflücksalat** ernten Sie, indem Sie fortwährend die äußeren Blätter zupfen. **Rucola** sollte vor der Blüte geerntet werden, da er sonst bitter schmeckt. Die Blätter sollten maximal 10 cm lang sein. Wenn Sie den Blattschopf nicht ganz unten abschneiden, können Sie zwei bis drei Mal nachernten.

Aufbewahrung

Es empfiehlt sich, Salat kurz nach der Ernte zu verzehren, da er dann besonders frisch ist. Ansonsten kann Salat im Gemüsefach im Kühlschrank für einige Tage aufbewahrt werden, wenn Sie ihn in ein feuchtes Küchentuch einwickeln.

Schädlinge und Krankheiten

Wild, Vögel, Schnecken und Blattläuse interessieren sich ebenfalls für Ihren Salat. Gegen alle diese Gäste kann ein Netz helfen (siehe Seite 58). Zudem kann besonders in Hitzeperioden Innenbrand auftreten, der Blätter vertrocknen lässt. Ist Ihr Salat plötzlich vertrocknet, sind vermutlich Drahtwürmer die Ursache. Der wichtigste Schädling des Rucola ist der Erdfloh, der kleine runde Löcher in die Blätter frisst. Ein leichter Befall kann toleriert werden – der Salat ist trotzdem noch genießbar.

Nährstoffe

Kopfsalat enthält viel Alpha- und Beta-Carotin. Rucola enthält viele Senföle, die seinen speziellen Geschmack ausmachen, und darüber hinaus Beta-Carotin sowie Folsäure.

DAS PASSIERT IM JUNI

DURCH JUNIWIND AUS NORDEN IST
NOCH NICHTS VERDORBEN WORDEN.

GUT ZU WISSEN

DER JUNI IST DER MONAT, IN DEM DIE TAGE AM LÄNGSTEN SIND. DEMENTSPRECHEND STROTZT DER GEMÜSEGARTEN JETZT VOR KRAFT, VIELES SCHEINT ZU EXPLODIEREN UND AUCH DIE ERNTE KOMMT RICHTIG IN DIE GÄNGE.

Der 24. Juni ist zudem ein besonderes Datum: Am sogenannten Johannistag endet üblicherweise die Spargelernte. Haben Sie Rhabarber im Garten, sollten Sie ihn von nun an ebenfalls nicht mehr ernten, sonst werden die Stängel zu sauer. Außerdem bekommt die Staude so eine produktive Verschnaufpause, in der sie sich gut erholen kann, um im nächsten Jahr wieder kräftig auszutreiben.

ÜBERBLICK: WAS LIEGT AN?

■ **Aussäen:** Möhren, Dill, Mangold, Rote Bete, Zuckermais, Salate, Radieschen, Rettich, Rucola, Bohnen

■ **Pflanzen:** Fenchel, Sellerie, Petersilie, Blumenkohl, Brokkoli, Kohlrabi, Grünkohl, Rosenkohl, Kürbisse, Zucchini, Gurken, Porree

■ **Pflegen:** Tomaten ausgeizen, Paprika anbinden, Rankhilfe für Erbsen, Tomaten und Stangenbohnen, jäten und hacken, Kartoffeln und Lauch häufeln, Radieschen, Rettich, Rote Bete und Möhren vereinzeln, Schädlinge kontrollieren, Netze lockern

■ **Ernten:** Radieschen, Salate, Dill, Lauchzwiebeln, Spinat, Kohlrabi, Mairüben, Zuckererbsen

■ **Sonstiges:** Nachsaaten überlegen, Brühen oder Jauchen ansetzen

Säen und Pflanzen

Sie können sich jetzt schon Gedanken über die Nachsaat in Ihrem Garten machen: Auf welches Gemüse haben Sie Lust? Kulturen, die Sie im Moment ganz abernten, wie zum Beispiel Spinat, Salate und Radieschen, schaffen Platz für Neues.

Im Juni können Sie noch problemlos allerlei Gemüse wie Möhren, Salat, Radieschen, Bohnen, Dill, Mangold, Rote Bete, Zuckermais oder Rucola direkt in Ihr Beet säen, um schon einige Wochen später davon zu ernten.

Achten Sie dabei wie immer darauf, eine Fruchtfolge einzuhalten: Säen Sie das Gemüse also nicht auf eine Stelle im Beet, auf der vorher dasselbe Gemüse stand. Auch Gemüse aus der gleichen Familie verträgt sich nicht so gut (siehe auch Aussaatkalender auf Seite 22 ff.).

Aussaat Möhren

Möhren bevorzugen eher sandigen Boden. Es fällt ihnen auf diesen Böden leichter, tief in der Erde zu wachsen. Lockern Sie zunächst den Boden an der Stelle, an der Sie die Möhren aussäen möchten, und entfernen Sie eventuelle Unkräuter. Möhren mögen es übrigens nicht, wenn im Boden Umsetzungsprozesse stattfinden. Vor einer Aussaat sollten Sie hier also auf die Gabe von frischem Kompost oder Mist verzichten.

Der tiefgründig gelockerte Boden ist wichtig, damit sich die Rübe gut und gerade in den Untergrund entwickeln kann. Trifft die Möhre beim Wachsen beispielsweise auf einen Stein oder eine sehr verdichtete Stelle, wird sie krumm oder teilt sich, was allerdings nur eine optische Einschränkung ist. Am Geschmack ändert dies natürlich nichts.

Legen Sie die Samen in 2,5 cm Abstand 1 bis 2 cm tief in den Boden. Sie können jedoch auch dichter

LINKS Im Juni schauen die Möhren aus der Erde. Sie mögen einen lockeren Boden.

aussäen und später vereinzeln (siehe auch Seite 86). Wenn möglich, säen Sie Möhren neben Zwiebeln, weil sich die beiden Gemüsearten gegenseitig vor der jeweiligen Schadfliege schützen.

Mischen Sie ruhig Dillsamen unter Ihr Saatgut, beide Pflanzen können gut in einer Reihe wachsen, zumal Dill eher nach oben, Möhren jedoch in die Tiefe gehen. Wenn die Reihen dann zu dicht wachsen, vereinzeln Sie die Möhren auf etwa 4 cm in der Reihe. Weil Möhren nicht sonderlich konkurrenzstark sind, muss das Unkraut in ihrer Umgebung regelmäßig gejätet werden. Wir empfehlen Ihnen, sparsam zu gießen, da die Möhren sich sonst auf die Laubbildung konzentrieren.

Jungpflanzen

Wenn Sie Jungpflanzen vorgezogen oder gekauft haben, können Sie nun zusätzlich Fenchel, Sellerie, Petersilie, Kohlrabi, Kürbisse, Zucchini, Gurken, Zwiebeln, Lauch, Blumenkohl, Brokkoli und Win-terkohlarten wie Grün- und Rosenkohl pflanzen. Achten Sie wie immer auf die Pflanzabstände.

Gerade bei **Kohlarten** wird dies oft unterschätzt. So benötigt Grünkohl beispielsweise einen Abstand von 75 cm zwischen den Reihen und 45 cm innerhalb der Reihe, um später genügend Platz für seine großen Blätter zu haben. Dies wirkt bei der Pflanzung oft wie eine Platzverschwendung, weil sehr viel Freiraum auf dem Beet herrscht. Lassen Sie sich davon nicht täuschen! Pflanzen Sie zudem Kohl (außer Kohlrabi) etwas tiefer in die Erde.

Auch die Jungpflanze einer **Zucchini** ist zu Beginn noch klein, das schnell wachsende Gemüse benötigt jedoch etwa einen Quadratmeter Platz pro Exemplar. Stehen die Zucchini zu eng, kann es sein, dass sie keine Früchte bilden. In der Regel reicht jedoch insgesamt eine Pflanze pro Garten aus, um Ihren Bedarf zu decken.

UNTEN Grünkohl und Zucchini benötigen mehr Platz, als man bei der Pflanzung erwartet.

Pflegen

Ihre Pflanzen und vor allem neue Aussaaten befinden sich nun in einer starken Wachstumsphase und müssen weiterhin regelmäßig gegossen werden. Doch nicht nur Ihr Gemüse, auch Unkräuter nutzen das gute Wetter, um zu wachsen, sodass Sie nach wie vor jäten sollten.

Im Folgenden stellen wir Ihnen vor, welche Pflegemaßnahmen im Juni für Ihren Gartenboden anfallen, um optimale Wachstums- und Erntebedingungen zu schaffen.

Mulchen

Während der Sommermonate kommt es zu starker Sonneneinstrahlung und damit einhergehender Verdunstung. Aus diesem Grunde empfehlen wir Ihnen, Ihren Gemüsegarten mit den anfallenden Gartenabfällen zu mulchen. Hierzu schneiden Sie größere **Pflanzenabfälle oder Unkräuter** klein und bedecken damit den Boden rechts und links neben Ihren Gemüsereihen.

Dieses hat einen sehr positiven Nebeneffekt: Das Wasser im Boden verdunstet durch die Bedeckung nicht so schnell und Ihren Pflanzen steht somit mehr Feuchtigkeit zur Verfügung. Darüber hinaus wird der Boden vor Erosion geschützt und das Wachstum des Unkrautes wird auf diese Art und Weise, die der Gärtner »Schattengare« nennt, eingedämmt. Für Sie ergibt sich zudem der Vorteil, Unkraut und Pflanzabfälle nicht auf den Kompost tragen zu müssen, da Sie beides an Ort und Stelle liegen lassen können.

Wussten Sie, dass das englische Wort von Erdbeere, also »strawberry«, auf eine bewährte Mulchmethode zurückzuführen ist? Dabei wird **Stroh** (englisch: »straw«) zwischen die Pflanzen gelegt. Neben den eben beschriebenen Effekten zur Unkrautunterdrückung hat dies den Hintergrund, dass so vom Regen hochgespritzte Erde nicht die Beeren verschmutzen kann. Auch in Ihrem Gemüsegarten können Sie Stroh als Mulchmaterial nutzen. Beispielsweise um Ihre heranwachsenden Kürbisse gegen Fäulnis zu schützen, wenn sie zu eng auf der Erde aufliegen.

Wichtig zu wissen: Stroh entzieht dem Boden während der Rotte, also des Vorgangs der Kompostierung, vorerst Stickstoff, bevor dieser wieder abgegeben wird. Daher sollten Sie **Stroh nur in Verbindung mit etwas Hornspäne** nutzen.

Ein Problem können Schnecken und Wühlmäuse werden, da sie Mulch gerne als Herberge nutzen. Haben Sie also etwa ein Schneckenproblem in Ihrem Garten, sollten Sie auf Mulch verzichten.

Rindenmulch ist für den Gemüsegarten weniger geeignet, da er wie Stroh dem Boden vorerst Stickstoff entzieht, aber auch Gerbstoffe abgibt. Ihn können Sie aber gut zum Anlegen von Wegen nutzen. **Laub** jedoch kann gerade zur Überwinterung Ihrer Beete ein gutes Mulchmaterial abgeben.

Weiterhin sind **Mulchfolien** und **-vliese** erhältlich. Durch ihre schwarze Farbe sorgen sie für eine Erwärmung des Bodens, was von wärmeliebenden Kulturen wie Tomaten oder Melonen geschätzt wird. Die Unkrautunterdrückung funktioniert mit diesen Folien oder Vliesen sehr gut. Beiträge zur Humusbildung entfallen damit natürlich, wobei Sie inzwischen schon Folie aus Maisstärke kaufen können, die sich komplett abbaut.

Boden lockern

Von Zeit zu Zeit werden sich in Ihrem Beet die Stellen, die sich zwischen den Gemüsereihen befinden, verdichten. Gerade nach einem Starkregen kann es sein, dass die Oberfläche nicht mehr krümelig, sondern glatt und dicht aussieht.

Damit danach also nicht nur Wasser, sondern auch Luft in die Erde eindringen und das Gemüse aus dem Boden wachsen kann, ist es sehr wichtig, diesen von Zeit zu Zeit zu lockern.

Für eine oberflächliche Lockerung können Sie die Hacke verwenden. Schlagen Sie mit ihrem Blatt flach unter die Bodenoberfläche – das führt dazu, dass diese aufbricht und wieder genügend Luft in das Erdreich lassen kann.

Das hat verschiedene Vorteile. Ein weiterer Effekt ist etwa, dass Unkraut abgeschlagen wird, das Sie einfach an Ort und Stelle vertrocknen lassen können. Neben der Belüftung des Bodens kann dieser nach dem Hacken sehr viel besser Wasser speichern, das zum einen leichter eindringen kann, zum anderen aber auch im Boden bleibt, da feine Kapillaren zerschlagen werden, durch die der Wind viel Feuchtigkeit verdunstet.

Lockern Sie die Erde rechts und links neben gesätem Gemüse ganz behutsam, damit die keimende Saat nicht beschädigt wird.

Ist der Boden stärker verdichtet und möchten Sie vermeiden, die Aussaaten zu schädigen, ist der sogenannte Sauzahn das perfekte Mittel der Wahl. Sein gebogener Zinken dringt weit in die Erde ein, sodass Sie streifenweise auch tiefere Erdschichten aufbrechen können. Ihr Gemüse wird es Ihnen auf jeden Fall danken.

RECHTS Zum Boden lockern eignet sich neben einer Hacke der sogenannte Sauzahn.

Ernten

Im Laufe des Junis werden Sie immer mehr ernten können. Salate werden reif, Radieschen, Kohlrabi, Erbsen und Spinat sind fertig, auch die Mairüben trotz Ihres Namens oft erst jetzt.

Dill können Sie kontinuierlich ernten, indem Sie die Blätter abbrechen.

Schneiden Sie **Kopfsalat** mit einem scharfen Messer unterhalb des Kopfes ab. Die oft angefaulten unteren Blätter können Sie an Ort und Stelle ausputzen und als Mulchschicht liegen lassen.

Auch für Spinat benötigen Sie ein Messer. Schneiden Sie die gewünschten Blätter ab, sodass die Pflanze aus der Mitte neue Blätter nachschieben kann. Da Spinat beim Kochen jedoch stark zusammenfällt, kann es bezüglich der Menge nötig sein, Ihre kompletten Pflanzen abzuschneiden. Warten Sie mit der neuen Aussaat jedoch bis Mitte Juli, da Spinat in langen Tagen sofort in Blüte geht.

Bei **Radieschen** und **Mairüben** können Sie die größten Exemplare einfach aus der Erde ziehen, sodass die kleineren noch nachwachsen können. Lassen Sie sie aber nicht zu groß werden – klein schmecken sie besser. Mairüben sind eng mit dem Rettich verwandt und schmecken leicht scharf.

Die ersten **Kohlrabis** werden nun auch erntereif sein. Ähnlich wie bei Radieschen und Mairüben empfiehlt es sich, die Exemplare nicht zu groß werden zu lassen, da sie kleiner deutlich zarter und noch nicht verholzt sind – also besser schmecken. Ziehen Sie den Kohlrabi aus der Erde und schneiden Sie die Wurzel mit einer Gartenschere ab. Da die Wurzel recht hart ist, empfiehlt es sich, sie herauszuziehen und zu kompostieren – und nicht im Boden zu belassen.

Leider platzen Kohlrabis manchmal auf. Dies ist eigentlich nur dadurch zu verhindern, indem sie während der Kulturzeit regelmäßig feucht gehalten werden. Das Aufplatzen ist nämlich in der Regel auf Schwankungen in der Wasserversorgung zu-

Bei einigen Gemüsearten kann man auch die Pflanzenteile essen, die nicht klassisch auf dem Teller landen. Das Laub von Radieschen und Mairüben können Sie z.B. für grüne Smoothies nutzen. Auch die Blätter von Kohlrabi sind essbar und dafür gut geeignet.

rückzuführen. Essbar sind jedoch auch die aufgeplatzten Kohlrabis noch.

Grundsätzlich unterscheidet man bei **Erbsen** zwischen Mark- und Zuckererbsen. Während man bei Markerbsen ❶ darauf wartet, bis sich die einzelnen Erbsen in der Schote ausgebildet haben, und diese dann in der Regel kocht, erntet man Zuckererbsen ❷ schon dann, wenn die Schote groß genug ist und die einzelnen Erbsen noch nicht zu sehen sind. Pflücken Sie sie einfach von der Pflanze. Zuckererbsen können Sie auch direkt roh im Garten essen. Entfernen Sie lediglich den kleinen, zäheren Faden, der am Rücken der Schote verläuft, indem Sie den Stielansatz der Schote nach oben ausbrechen, der mit dem Faden verbunden ist. Erbsen sollten wie all Ihr Gemüse, das sich aus Blüten bildet, regelmäßig geerntet werden, damit sich neue Früchte bilden. Lassen Sie die Erbsen zu groß werden, ist für die Pflanze ihr Lebenszyklus erfüllt, da sie für Samen gesorgt hat, und sie stirbt ab. Durch regelmäßiges Ernten können Sie diesen Prozess ein gutes Stück hinauszögern. Auch mit

der **Mangoldernte** können Sie meist im Juni beginnen. Brechen Sie hierfür die äußeren Stiele nach Bedarf bodennah ab. Aus der Mitte der Pflanze werden konstant neue Blätter nachwachsen. Ältere Randblätter, die Sie nicht verwenden möchten, können Sie abbrechen und kompostieren. Alternativ können Sie die ganze Pflanze als Bündel abschneiden. Achten Sie dann jedoch darauf, den Schnitt erst 5 cm über der Basis der Pflanze anzusetzen, damit das Herz unversehrt bleibt. In der Regel erholt sich die Pflanze so und treibt nach einiger Zeit neu aus. Üblicherweise ist die Mangoldkultur unproblematisch, sollte er dennoch in Blüte gehen, können Sie die Blütenstände einfach ausbrechen und weiter ernten.

Mangold bietet eine erstaunliche Vielfalt, was die Farbe der Blätter und Stiele betrifft. So gibt es eher unscheinbare Sorten mit weißem Stiel bis hin zu leuchtend gelben und roten Exemplaren. Die Sorte 'Bright Lights' schafft es sogar, verschiedene Farben in sich zu vereinen – ein echter Hingucker in Ihrem Gemüsegarten!

IHR GARTEN MACHT URLAUB

DIE FRAGE, DIE GÄRTNER OFT IM SOMMER BESCHÄFTIGT, IST: WER GIESST DEN GARTEN IN MEINER ABWESENHEIT? DIE WICHTIGSTE INFO ZUERST: IN DER REGEL KOMMT IHR GEMÜSE AUCH MAL GANZ WUNDERBAR OHNE WASSER ZURECHT, DA DER BODEN EINE HOHE WASSERSPEICHER-EIGENSCHAFT BESITZT UND ES JA DOCH HIN UND WIEDER EINMAL REGNET.

Um Ihr Gemüse während Ihrer Abwesenheit gut versorgt zu wissen, können Sie Folgendes tun: Lockern Sie den Boden gründlich auf und entfernen Sie in einem Arbeitsgang auch das Unkraut. Lassen Sie die Unkrautpflänzchen ruhig liegen und vertrocknen. Gießen Sie Ihr Gemüse, sofern es trocken ist, vor Ihrer Abreise gründlich und durchdringend entlang der Gemüsereihen.

Bitten Sie Ihre Nachbarn, ein Auge auf Ihren Garten zu werfen und ihn gegebenenfalls mitzugießen. Oder Sie fragen in Ihrem Freundes- oder Bekanntenkreis nach, ob jemand Ihren Garten während Ihrer Abwesenheit betreut – zur Belohnung darf auch geerntet werden. Dafür brauchen Sie während Ihres Urlaubs ohnehin Freiwillige –, damit nach Ihrer Rückkehr keine Zucchini gigantischen Ausmaßes oder ähnliche Überraschungen auf Sie warten.

Tipp: Die Blüten der Zucchini sind essbar und können bereits vor der Abreise als kulinarisches Highlight zubereitet werden! Jede verzehrte Blüte bedeutet eine Frucht weniger.

UNTEN Auch wenn im Sommer viel passiert, können Sie Ihren Garten einmal alleine lassen.

CLEVER EINFRIEREN

VIELE GEMÜSESORTEN KANN MAN GUT EINFRIEREN. DAMIT BLEIBEN WERTVOLLE VITAMINE ERHALTEN UND SIE KÖNNEN IHR GEMÜSE AUCH ZU EINEM SPÄTEREN ZEITPUNKT GENIESSEN! OBWOHL IM JUNI NOCH LÄNGST NICHT ALLE GEMÜSESORTEN IN IHREM GARTEN ANGEBAUT ODER REIF SIND, GEBEN WIR IHNEN JETZT SCHON EINEN ÜBERBLICK.

SORTEN, DIE SICH GUT EINFRIEREN LASSEN

Gemüse	Vorbereitung
Blumenkohl und Brokkoli	putzen, in Röschen schneiden und blanchieren
Erbsen	waschen und blanchieren
Bohnen	putzen und blanchieren
Porree	putzen, in Scheiben schneiden, kurz blanchieren
Kohlrabi	putzen, in Scheiben/Stifte schneiden, direkt einfrieren
Kräuter	waschen, gut abtrocknen, zerkleinern und portionsweise einfrieren Man kann sie anschließend unaufgetaut direkt den Speisen zugeben.
Kürbisse	putzen, in Stücke schneiden und einfrieren
Mangold	gründlich waschen und kurz blanchieren
Möhren	schälen und in Stücke schneiden
Spinat	gründlich waschen und kurz blanchieren
Zucchini	putzen, in Scheiben schneiden und kurz blanchieren

Folgende Sorten eignen sich nicht zum Einfrieren:

Blattsalate, Tomaten, Gurken, Radieschen und rohe Zwiebeln

Gemüse des Monats: Tomate

DIE TOMATE IST EINE KRAUTIGE UND FROSTEMPFINDLICHE PFLANZE UND GEHÖRT ZUR
FAMILIE DER NACHTSCHATTENGEWÄCHSE. ES GIBT SIE IN ÜBER 3 000 SORTEN.

Aussaat & Pflanzung

Tomatensamen benötigen zur Keimung Wärme.
Wenn es draußen noch kalt ist, können Sie die
Samen Zu Hause in Anzuchttöpfchen aussäen
und später als Jungpflanze ins Freiland pflanzen.

Freilandtomaten können im Mai gepflanzt werden,
wenn kein Frost mehr zu erwarten ist. Sollte nach
dem Einpflanzen noch Frost drohen, decken Sie
die Pflanzen mit Vlies oder Folien ab.

Tomaten werden im Abstand von ca. 100 × 50 cm
recht tief gepflanzt. Das bedeutet, dass Sie die

Pflänzchen bis über die Keimblätter einsetzen und
mit Erde bedecken können. Am eingepflanzten
Stängel bildet die Pflanze dann weitere Wurzeln.

Pflege

Grundsätzlich gilt, dass Tomaten in unseren Breitengraden im Gewächshaus sicherer gelingen als
im Freiland. Hier kann man ihnen höhere Temperaturen und Schutz vor Regen gewährleisten. Ihre
Freilandtomaten sollten also in jedem Fall einen
Regenschutz haben. Sie können eine Folie mit
kleinen Löchern an Stäben um die Tomaten herum befestigen. Die Löcher sind wichtig, damit die
Blätter gut gelüftet werden. Alternativ können Sie
auch Folienzelte verwenden, die in Gartencentern

RECHTS Das Ausgeizen zählt bei der Pflege
der Tomaten zu den wichtigsten Aufgaben.

angeboten werden. Wichtig ist hierbei, dass der Schutz nicht zu eng um die Pflanze liegt, da sich sonst Kondenswasser bildet, was den Sinn des Regenschutzes konterkariert.

Ob im Gewächshaus oder im Freiland: Tomaten haben keine besonderen Ansprüche an den Boden. Er sollte nur nährstoffreich sein. Tomaten benötigen viel Licht und bevorzugen daher einen Platz mit viel Sonne.

Um Tomaten mit mehr Luft und Licht zu versorgen und sie vor Krankheiten zu schützen, leitet man sie weg vom Boden in die Höhe, sodass sie eine beachtliche Größe erreichen können. Wenn sich Früchte bilden, werden sie schwer und müssen daher gut gestützt sein. Stecken Sie rechtzeitig einen stabilen Stab neben die Pflanze und binden Sie diese mit einer Schnur fest. Mit etwas handwerklichem Geschick können Sie auch eine Konstruktion bauen, durch die sich die Tomaten an einer Schnur hochleiten lassen. Alternativ sind im Handel spiralförmige Metallstäbe erhältlich, die Sie hierfür nutzen können.

Weil die Vegetationsperiode kurz ist und die Pflanze ihre volle Kraft zur Fruchtbildung nutzen soll, werden regelmäßig die Seitentriebe in den Blattachseln des Hauptsprosses entfernt. Besonders vormittags lassen sich diese leicht herausbrechen. Diesen Vorgang nennt man Ausgeizen. So konzentriert sich die Tomate auf die Fruchtbildung an einer Sprossachse.

Darüber hinaus sollten die Blätter unter den untersten Früchten entfernt werden, damit die Luft besser zirkulieren kann. Im Freiland sollte die Pflanze 4 oder 5 Fruchtstände tragen, die dann ausreifen können. Haben Sie ein Gewächshaus, brauchen Sie die Anzahl der Fruchtstände nicht begrenzen.

Gießen Sie die Pflanze regelmäßig, sodass der Boden und die Wurzeln nicht austrocknen. Achten Sie dabei immer darauf, dass die Blätter nicht nass werden, weil sich sonst die Kraut- und Braunfäule schneller verbreiten kann.

Haben Sie wenig Lust auf die Pflege, können Sie Ihre Tomaten auch als Buschtomaten einfach wachsen lassen. Eine Bodenschicht aus Folie oder Stroh sorgt dafür, dass die Früchte nicht durch Kontakt mit der feuchten Erde faulen oder von Schnecken gefressen werden.

Krankheiten und Schädlinge

Die bekannteste Krankheit bei Tomaten ist die Kraut- und Braunfäule, die früher oder später im Jahr an sehr vielen Pflanzen auftritt. Sie verbreitet sich über Feuchtigkeit, weshalb Sie die Pflanzen nur von unten gießen und vor Regen schützen sollten. Bei Befall rollen sich die Blätter ein und verfärben sich schwarz, später werden die Früchte braun und faulen.

Nährstoffe

Die Tomate enthält viel Vitamin A, B, C, E sowie Folsäure. Zudem ist ihr Kaliumgehalt beachtlich. Weiterhin enthält die Frucht Magnesium, Eisen, Kalzium, Phosphor, Kupfer sowie Zink und Nickel.

DAS PASSIERT IM JULI

JULI HEISS LOHNT MÜH'
UND SCHWEISS.

GUT ZU WISSEN

INZWISCHEN IST ES HOCHSOMMER. HOHE TEMPERATUREN UND TROCKENHEIT SIND MÖGLICH UND BEREITEN MANCHEN GÄRTNERINNEN UND GÄRTNERN SORGE, DASS DIE PFLANZEN DADURCH SCHADEN NEHMEN KÖNNTEN. ZWAR IST GIESSEN BEIZEITEN SINNVOLL, DENNOCH SOLLTEN SIE NICHT VERGESSEN, DIE SONNE ZU GENIESSEN!

Inzwischen haben die meisten Gemüsearten schon so tiefe Wurzeln gebildet, dass ihnen eine trockene Phase nichts anhaben kann. Zudem stammen viele Arten wie Zucchini, Bohnen oder Kartoffeln aus Südamerika und freuen sich dementsprechend über heißes Wetter.

ÜBERBLICK: WAS LIEGT AN?

■ **Aussäen:** Kopfsalat, Radieschen, Rucola, Mairüben, Rote Bete, letzte Bohnen, ab Monatsmitte dann auch Spinat, Feldsalat, Chinakohl, Endivie, Rettich

■ **Pflanzen:** Fenchel, Salate, Kohlrabi, Blumenkohl, Brokkoli, Grünkohl, Porree, Rosenkohl

■ **Ernten:** Fenchel, Möhren, Kräuter, Mangold, Rote Bete, Salate, Kohlrabi, Radieschen, Rucola, Zucchini, Gurken, Tomaten, Bohnen, Knoblauch, Porree, Kopfkohl

■ **Pflegen:** Regelmäßig nach Unkraut sehen, bei Bedarf gießen, Starkzehrer nachdüngen, Tomaten ausgeizen

■ **Sonstiges:** Stecklinge von Kräutern nehmen

Säen

Da Sie bereits in den ersten Monaten verschiedenes Gemüse ernten konnten, haben Sie nun Platz, um neues Gemüse in Ihrem Gemüsegarten zu pflanzen und zu säen. Das geht im Juli mit noch fast allen Gemüsesorten, sodass Sie bis zum Herbst weiter frisches Gemüse aus Ihrem eigenen Garten genießen können.

Was kann im Juli noch gesät werden?

Schnell wachsende Kulturen wie **Pflücksalate, Radieschen, Rucola, Dill oder Rettich** können bis in den August und September hinein ausgesät und vor Saisonende geerntet werden. Wenn Sie sich beeilen, können Sie auch noch **Möhren** säen, was zwar bis Ende Juni empfohlen wird, wenigstens in der ersten Juliwoche jedoch funktionieren dürfte.

Ab Mitte Juli lässt sich auch wieder gut **Spinat** aussäen, was bei einer Mai- oder Juni-Aussaat nur bei bestimmten Sorten wie 'Monnopa' oder 'Emilia' Erfolg verspricht. Grund hierfür: Spinat geht während der langen Tage im Sommer sofort in Blüte.

Stangen- und Buschbohnen können ebenfalls noch bis Mitte Juli ausgesät werden.

Möhren in Dämme säen: Es hat sich als recht praktisch erwiesen, vor der Aussaat von Möhren, die eine lange Keimdauer haben, kleine Dämme anzulegen (nicht so hoch wie bei Kartoffeln) und die Möhren in diese etwa 10 cm hohen Dämme zu säen. Zum einen kann man die Aussaatstelle so besonders gut im Auge behalten und identifizieren, zum anderen fällt einem die Ernte anschließend etwas leichter.

Darüber hinaus beginnt nun die Zeit von einigem Herbstgemüse. So können Sie Anfang des Monats schon **Endivien**, ab Mitte Juli dann **Feldsalat** und **Winterrettich** säen.

LINKS Mitten im Hochsommer beginnt die Aussaatzeit für das Herbstgemüse.

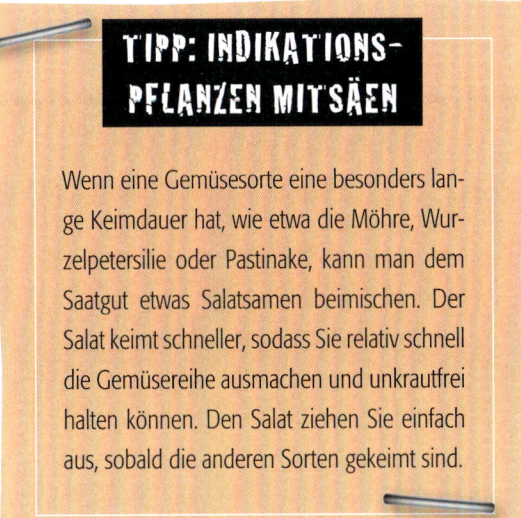

TIPP: INDIKATIONS-PFLANZEN MITSÄEN

Wenn eine Gemüsesorte eine besonders lange Keimdauer hat, wie etwa die Möhre, Wurzelpetersilie oder Pastinake, kann man dem Saatgut etwas Salatsamen beimischen. Der Salat keimt schneller, sodass Sie relativ schnell die Gemüsereihe ausmachen und unkrautfrei halten können. Den Salat ziehen Sie einfach aus, sobald die anderen Sorten gekeimt sind.

Pflanzen

Wenn Sie über **Jungpflanzen** verfügen, sind bei deren Pflanzung im Juli **Kopfsalat, Blumenkohl, Brokkoli und Kohlrabi** noch im Herbst erntereif. Vielleicht ist **Fenchel**, den man bis Mitte August pflanzen kann, eine Anregung für Ihren Garten. Auch **Grün- und Rosenkohl** setzt man üblicherweise im Juni und Juli.

Bei **Fenchel** unterscheidet man zwischen Gewürz- und Knollenfenchel. Während bei ersterem die Blätter, Blüten und Samenstände geerntet werden, soll der Knollenfenchel seinem Namen entsprechend eine Verdickung am Boden ausbilden. Hierfür ist die Beachtung des Pflanzabstands von 25 × 25 cm wichtig, da er ansonsten nur Laub bilden wird. Dieses ist jedoch auch essbar.

Auch bei **Blumenkohl** und **Brokkoli** ist der Pflanzabstand wichtig, hier liegt er bei 50 × 50 cm. Bei

diesen beiden Kulturen wird der noch geschlossene Blütenstand geerntet und verzehrt. Um den Blumenkohl vor einer unschönen Verfärbung zur Ernte zu schützen, können Sie die Blätter, die um die Rose liegen, auf diese knickend legen, wenn sie sich ausbildet. So schützen Sie sie vor direktem Sonnenlicht und sie bleibt schön weiß. Bei beiden Kulturen ist das Erntefenster recht klein, Sie sollten also spätestens dann ernten, wenn die Rosen nicht mehr ganz kompakt sind, sondern etwas luftiger werden.

Bei der Pflanzung von **Rosenkohl**, für die Sie nun letztmals Gelegenheit haben, sollten Sie einen Abstand von etwa 70 × 60 cm einhalten. Die Röschen werden hier direkt am Strunk gebildet und können auch noch im Winter nach Frost geerntet werden. Hier gibt es einen Trick, damit sich die Röschen gleichmäßig entwickeln: Brechen Sie im Laufe des Septembers die Terminalknospe, also die Rose an der Spitze der Pflanze, einfach heraus.

UNTEN Auch Rosenkohl können Sie nun pflanzen, im Winter wird dann geerntet.

Pflegen

Tomaten ausgeizen

Geizen Sie Ihre **Tomaten** regelmäßig aus, damit die Kraft der Pflanze nun in die Reife der Früchte geht und nicht mehr in das Wachstum. Brechen Sie am besten morgens, wenn die Triebe noch prall sind, aus den Blattachseln des Haupttriebes die Nebentriebe aus. Meist funktioniert dies, wenn Sie den Geiztrieb einmal nach vorne und einmal nach hinten biegen.

Gemüse anhäufeln

Wenn die **Kartoffeln** wachsen, sollten sie angehäufelt werden, damit ihre Blätter fast immer vollständig von Erde bedeckt sind. Denn wenn die Früchte dem Licht ausgesetzt sind, werden sie grün und giftig. Ziehen Sie einfach mit der Hacke den Boden zwischen den Reihen zu den Pflanzen. Überprüfen Sie bei den einzelnen Pflanzen, ob die Kartoffeln alle gut bedeckt sind. Wiederholen Sie den Vorgang im Laufe des Sommers noch ein- oder zweimal.

Anhäufeln

Porree wird angehäufelt, damit die Stangen am Ende schön weiß bleiben. Schieben Sie einfach mit der Hand Erde an die Stangen heran.

Auch mit **Kohlköpfen** (Ausnahme Kohlrabi) sollten Sie so verfahren. Zum einen gelangt die Kohlfliege nicht mehr an den Wurzelhals, eine Eiablage wird verhindert. Zum anderen bildet der Kohl Seitenwurzeln aus, die seine Standfestigkeit erhöhen.

Kräuterstecklinge

Die Vermehrung von Kräutern über eine Aussaat will oft nicht gelingen. Basilikum, Thymian oder Salbei keimen sehr schwierig, bei Schnittlauch dauert es lange, bis von Aussaaten geerntet werden kann. Nur Dill, Koriander oder Kerbel sind hier unproblematisch. Bei mehrjährigen Kräutern lohnt sich der Versuch, Stecklinge zu gewinnen. Hierzu gehören Salbei, Rosmarin, Thymian, Zitronenmelisse oder Lavendel.

Nehmen Sie einen schönen Trieb der gewünschten Pflanze, der noch keine Blüten angesetzt hat. Schneiden Sie den Trieb mit einem scharfen Messer etwa 5 Blattansätze unter der Spitze schräg ab. Die Stelle, an der sich Blätter entwickeln, nennt man auch Auge. Entfernen Sie die unteren Blätter vom Stiel, sodass nur noch die oberen zwei Blattansätze übrig bleiben. Um den Steckling vor Verdunstung zu schützen, sollten Sie große Blätter (z. B. bei Salbei) halbieren. Die so gewonnenen Stecklinge können Sie einfach in Wasser stellen oder in kleine Töpfe pflanzen. Stecken Sie sie etwa 3 Augen tief in Erde, ohne dass sie an den Topfboden stoßen. Stellen Sie die Töpfe schattig und halten Sie die Erde feucht. Nach wenigen Tagen bilden sich erste Wurzeln. Ist der Topf gut durchwurzelt, können Sie Ihre jungen Pflanzen in größere Töpfe oder ins Beet setzen.

Gemüse vereinzeln

Wenn in einigen Reihen die Pflanzen zu dicht wachsen, als dass sie die gewünschte Größe erreichen können, sollten Sie Gemüse wie Radieschen,

Rote Bete und Möhren vereinzeln. Lassen Sie an den Stellen, an denen diese zu dicht wachsen, bei **Radieschen** und **Möhren** etwa alle 3 bis 5 cm das kräftigste Exemplar stehen und entfernen Sie die Pflänzchen dazwischen mitsamt den Wurzeln. Drücken Sie dabei die Pflänzchen, die bleiben sollen, leicht an. Bei **Rote Bete** beträgt der richtige Abstand 5 bis 10 cm.

Ernten

Sie können vielleicht bereits **Babymöhren** aus der Erde ziehen. Damit vereinzeln Sie die Möhren, sodass die übrigen mehr Platz zum Weiterwachsen haben. Fühlen Sie einfach mit dem Finger an der Möhre: So können Sie ganz einfach die Größe der Möhre ertasten und entscheiden, ob Sie sie schon als Babymöhre ernten möchten.

Auch wenn Ihre **Rote Bete** noch nicht erntereif ist, können Sie das kleine Laub für Ihren Salat verwenden. Beginnen Sie bei der Ernte mit den größten Kugeln, sodass die daneben noch Platz zum Wachsen haben. Die Rote Bete kann ab einer Größe von 5 cm Durchmessern geerntet werden, kann jedoch allgemein bis zu 10 bis 15 cm groß werden.

Sie können Ihre **Bohnen** ernten, indem Sie die reifen, etwa 10 cm langen Früchte einfach am Ansatz abbrechen oder mit einer Gartenschere abschneiden. Bohnen wachsen immer wieder nach, wenn man sie regelmäßig pflückt. Das heißt also, Sie können hier – wie auch bei Erbsen – alle 2 bis 3 Tage beherzt ernten. Tut man dies nicht, werden keine weiteren Schoten gebildet.

Auch Kräuter können fortlaufend geerntet werden. Knipsen Sie bei **Basilikum, Rosmarin** oder **Salbei** die gewünschten Triebspitzen ab. Das hat den Vorteil, dass sich die Triebe dann verzweigen und die Pflanzen buschiger werden, zudem wird die Blüte hinausgezögert. Bei **Dill** können Sie einfach die Blätter ernten. Da er schnell blüht, können Sie während der Saison immer wieder neu aussäen. Schneiden Sie bei **Schnittlauch** einfach die gewünschte Menge 3 bis 5 cm über dem Boden ab. Bei **Rucola, Sauerampfer** oder **Petersilie** brechen Sie die äußeren Blätter bodennah aus, die Stiele können Sie danach abschneiden und kompostieren oder an Ort und Stelle lassen. Üblicherweise wachsen Kräuter jedoch so üppig, dass Sie naheliegenderweise einfach die Blätter ernten, die Sie am meisten ansprechen und auf die Sie Lust haben. Frische Blätter schmecken natürlich besser als ältere. Zudem bilden sich bei Sonnenschein mehr ätherische Öle – schönes Wetter ist also ideal für die Kräuterernte.

UNTEN Die Erntegröße von Roter Bete können Sie nach Ihren Vorlieben wählen.

HAUSMITTEL FÜR DEN GARTEN

VIELES, WAS IN IHREM GARTEN WÄCHST, KÖNNEN SIE NUTZEN, UM IHRE PFLANZEN ZU STÄRKEN ODER VOR SCHÄDLINGEN ZU SCHÜTZEN. EINE SCHÖNE METHODE IST HIERBEI, DIE WIRKSTOFFE IN WASSER ZU ÜBERFÜHREN UND DURCH GIESSEN ODER SPRITZEN AUSZUBRINGEN. HIERBEI WIRD UNTERSCHIEDEN, WIE UND WIE LANGE DIE MITTEL IM WASSER ZIEHEN.

Zur Abwehr von Pilzen empfehlen wir einen Tee oder Sud anzusetzen. Zerkleinern Sie dafür z.B. Zwiebelschalen oder Knoblauch und übergießen Sie die Pflanzen mit heißem Wasser. Einen Tag lang ziehen lassen, absieben, im Verhältnis 1:5 mit Wasser mischen und in einen Zerstäuber geben.

Bei einer **Brühe** werden die Pflanzen mit heißem Wasser übergossen, in dem sie dann 24 Stunden ziehen. Anschließend noch einmal eine halbe Stunde aufkochen und nach dem Abkühlen im Verhältnis 1:10 verdünnt ausbringen. Aus Rhabarberblättern lässt sich eine toll riechende Brühe herstellen, die Sie zur allgemeinen Stärkung der Pflanzen spritzen können.

Für einen **Kaltwasserauszug** werden die Pflanzenteile von etwa Beinwell bis zu drei Tage in Wasser eingelegt, das dann unverdünnt als Dünger ins Beet gegossen wird.

Pflanzenjauchen

Pflanzenjauchen brauchen ihre Zeit – sind dafür aber das effektivste Pflanzenstärkungsmittel und vielseitig einsetzbar: Richtig angewendet, düngen Sie den Boden, stärken Ihr Gemüse und vertreiben Schädlinge. Jauchen aus Brennnessel oder Ackerschachtelhalm eignen sich wegen ihres hohen Anteils an Kieselsäure auch als Mittel gegen Blattläuse – vorbeugend genauso wie nach Befall.

Gut geeignete Pflanzen sind beispielsweise Brennnesseln, Beinwell, Ackerschachtelhalm, Rainfarn, Zwiebeln oder Kapuzinerkresse.

So setzen Sie eine Pflanzenjauche an: Füllen Sie hierfür eine Tonne oder ein Fass zu etwa zwei Dritteln mit den grob zerkleinerten Pflanzen und gießen Sie alles bis etwa eine Handbreit unter dem Rand mit Regenwasser auf. Decken Sie das Gefäß unbedingt mit einem Drahtgitter ab, damit keine Tiere hineinfallen können. Schon nach wenigen Tagen beginnt der Gärungsprozess, der leider mit einer erheblichen Geruchsentwicklung einhergeht. Wenn Sie die Möglichkeit haben, sollten Sie das Gefäß also abseits aufstellen. Außerdem kann die Zugabe von ungefähr einer Handvoll Gesteinsmehl die Geruchsentwicklung etwas binden. Rühren Sie die Jauche alle zwei bis drei Tage um. Wenn sich die Flüssigkeit nach etwa zwei Wochen dunkel verfärbt hat und beim Rühren nicht mehr schäumt, ist Ihre Jauche fertig.

Jauche ausbringen: Verdünnen Sie Ihre selbst angesetzte Jauche im Verhältnis von 1:10 mit Wasser. Bitte denken Sie immer daran, Pflanzenjauchen niemals bei Sonnenschein auszubringen, weil dies zu Verbrennungen an den Pflanzen führen kann. Verwenden Sie die Gießkanne ohne Aufsatz, damit Sie die Jauche ganz gezielt an der Stelle ausbringen können, an der die jeweilige Pflanze aus dem Boden kommt.

Kaffeesatz – Wundermittel für Ihren Gemüsegarten

Kaffee wird viel und gerne getrunken und dabei fällt immer Kaffeesatz an, der meist weggeschmissen wird. Doch es lohnt sich, ihn zu sammeln und ihn anschließend als **Dünger** zu verwenden. Kaffeesatz ist reich an Kalium, Phosphor und Stickstoff, also an Stoffen, die Ihre Pflanzen für ein gesundes Wachstum benötigen.

Streuen Sie den abgekühlten Kaffeesatz einfach neben Ihre **Gemüsereihen** und arbeiten Sie ihn anschließend in den Boden ein, damit er dort seine Wirkung nahe den Wurzeln entfalten kann.

Diese Form der Düngung eignet sich auch hervorragend für Ihre **Zimmerpflanzen**. Mischen Sie die Blumenerde bereits vor dem Pflanzen mit Kaffeesatz. Ebenso wirkungsvoll ist eine anschließende Gabe auf die Erde. Kleine Mengen können Sie auch dem Gießwasser hinzufügen. Achten Sie in diesem Fall darauf, dass keine Pulverreste auf den Blättern liegen bleiben.

Kaffeesatz vertreibt Ameisen und Schnecken: Beide mögen den Geruch überhaupt nicht und meiden dementsprechend die Stellen, an denen Kaffeesatz ausgebracht wurde.

UNTEN Pflanzenjauchen sind ein wirkungsvolles und günstiges Mittel für Ihr Gemüse.

Gemüse des Monats: Zucchini

ZUCCHINI GIBT ES IN GRÜN ODER GELB, IN LÄNGLICHER UND KUGELIGER FORM. SIE NEHMEN
WIE ANDERE SOMMERKÜRBISSE VIEL PLATZ EIN UND BRINGEN GUTE ERTRÄGE.

Aussaat und Pflanzung

Pflanzen Sie nicht zu viele Jungpflanzen, denn
später benötigt jede ausgewachsene Pflanze etwa
1 qm Platz. Wenn Sie Zucchini säen, legen Sie 2
bis 3 Samen zusammen in 2,5 cm Tiefe. Sobald
die Pflanzen wachsen, lassen Sie nur die kräftigsten stehen, da es sonst zu eng wird und sie nicht
genügend Licht und Luft bekommen. Die schwä-
cheren Pflanzen ziehen Sie einfach aus der Erde.
Zucchini sollten erst nach den Eisheiligen Mitte
Mai ins Freiland, da sie frostempfindlich sind, und
können bis Mitte Juni gesät oder gepflanzt werden.

UNTEN Im Dauereinsatz: Eine Zucchinipflanze liefert fortwährend Nachschub.

Pflege

Zucchini benötigen einen warmen, sonnigen und
geschützten Platz. Sie brauchen außerdem viele
Nährstoffe und Wasser, daher empfiehlt es sich,
vor der Pflanzung Hornspäne oder Kompost in
den Boden einzuarbeiten. Sobald die Pflanze zu
blühen beginnt und sich Früchte bilden, sollten Sie
regelmäßig gießen.

Ernte

Sie pflücken Zucchini am besten mehrmals pro
Woche, wenn sie noch klein und nicht größer als
10 cm sind. Drehen oder schneiden Sie die Früchte einfach von der Pflanze ab. Größere Zucchini
werden gröber in Erscheinung und Geschmack,
bei der Ernte übersehene, sehr große Exemplare
sind jedoch länger lagerfähig. Übrigens lassen sich
auch die Blüten ernten, um die Erntemenge etwas
einzudämmen, und beispielsweise frittieren.

Aufbewahrung

Zucchini sind bis zu 12 Tage haltbar, sollten aber
nicht unter 8 °C gelagert werden. Sie gehören also
nicht in den Kühlschrank – auch nicht ins Gemüsefach. Lagern Sie sie außerdem nicht in der Nähe
von Tomaten oder Äpfeln, da diese Ethylen abson-

REZEPT: AUSGEBACKENE ZUCCHINIBLÜTEN

- Eine Handvoll frisch gepflückte Blüten
- 1 Ei
- Je 1 Prise Salz und Pfeffer
- 2 bis 3 Esslöffel Mehl
- Olivenöl

1. Waschen Sie die frischen Zucchiniblüten vorsichtig und tupfen Sie sie ab. Schlagen Sie das Ei auf und verrühren Sie es mit etwas Salz und Pfeffer. Stellen Sie einen Teller mit etwas Mehl bereit.

2. Wenden Sie nun die Blüten zunächst im Ei, danach sofort im Mehl. Legen Sie sie anschließend in eine heiße, mit Olivenöl gefüllte Pfanne und braten Sie die Blüten darin, bis sie knusprig sind. Kurz auf einem Küchenpapier abtropfen lassen und noch warm genießen.

Übrigens können die weiblichen, größeren Zucchiniblüten vor dem Braten auch mit Gemüse, Käse oder Fleisch gefüllt werden, beispielsweise mithilfe eines Spritzbeutels. Zum Verschließen nehmen Sie dann einfach Schnittlauchhalme. Die kleineren männlichen Blüten eignen sich perfekt zum Frittieren oder Überbacken.

dern, was die Zucchini (und übrigens auch anderes Gemüse und Obst) deutlich schneller reifen und verderben lässt.

Krankheiten und Schädlinge

Zucchini sind abgesehen von ihrer Frostempfindlichkeit wuchsfreudig und robust. Im Laufe des Sommers treten jedoch der Falsche und der Echte Mehltau (s. Seite 42 f.) recht häufig auf. Schneiden Sie in beiden Fällen die betroffenen Pflanzenteile ab und entsorgen Sie sie auf dem Kompost.

Nährstoffe

Zucchini bestehen zwar zum größten Teil aus Wasser, zugleich haben sie aber auch einen hohen Vitamin-B_1-Gehalt. Darüber hinaus enthalten sie Vitamin A und C, Kalium, Kalzium, Phosphor, Natrium, Eiweiß, Jod und Eisen.

Zucchini sind sehr kalorienarm und leicht zu verdauen. Dabei wirken sie auch noch entwässernd und entschlackend. Ebenso vielseitig sind Zucchini in der Küche einsetzbar.

DAS PASSIERT
IM AUGUST

IMMER EITEL SONNENSCHEIN
KANN AUCH IM AUGUST NICHT SEIN.

GUT ZU WISSEN

DER AUGUST BIETET WEITERHIN EINIGES ZUR ERNTE IM GEMÜSEGARTEN AN.
ZWAR IST ER IN DER REGEL SCHÖN WARM UND TROCKEN, IM MONATSVERLAUF WERDEN SIE
ABER EINE DEUTLICHE VERÄNDERUNG IN DER NATUR FESTSTELLEN.

Während sich der August zu Beginn meist hochsommerlich zeigt, deutet sein Ende schon auf den kommenden Herbst hin. Das liegt in erster Linie daran, dass die Tage peu à peu kürzer werden, was natürlich auch Auswirkungen auf den Gemüsegarten hat. Neben dem durchschnittlich sinkenden Wasserbedarf ist das Auftreten von Mehltau an großblättrigen Pflanzen typisch. Dennoch gibt es weiter die Möglichkeit, frisches Gemüse auszubringen, sodass die Ernte weitergehen kann.

ÜBERBLICK: WAS LIEGT AN?

■ **Aussäen:** Feldsalat, Dill, Spinat, Kopfsalat, Radieschen, Rettich, Rucola, Pak Choi

■ **Pflanzen:** Fenchel, Kopfsalat, Endivien, Kohlrabi, Porree, Pak Choi, Chinakohl

■ **Ernten:** Fenchel, Möhren, Kräuter, Mangold, Rote Bete, Salat, Kohlrabi, Blumenkohl, Brokkoli, Kopfkohl, Radieschen, Rucola, Zucchini, Gurken, Tomaten, Kartoffeln, Bohnen, Zwiebeln, Porree

■ **Pflegen:** gegebenenfalls Kürbisse einkürzen, Gründüngung einsäen (siehe Seite 35), Beete mulchen (siehe Seite 74)

■ **Sonstiges:** Saatgut gewinnen

Säen und Pflanzen

Nach wie vor können einige Sorten wie Spinat, Feldsalat, Radieschen, Rettich, Rucola, Pak Choi und Mairüben gepflanzt und gesät werden. Insbesondere das Gemüse, das typisch für den Herbst ist, kann noch etwa bis Monatsmitte in den Boden gebracht werden.

Bei der Aussaat von **Feldsalat** können Sie wählen, ob Sie wie gewohnt in der Reihe mit 20 cm zwischen den Reihen aussäen oder ob Sie eine Fläche breitwürfig bestellen, also die Samen gleichmäßig verteilen, ohne eine Reihe zu bilden. Etwa alle 1 bis 5 cm sollte ein Pflänzchen wachsen. Die Breitwurfsaat war früher in der Landwirtschaft weitverbreitet. Hier wurden aus einem vor den Bauch gespannten Tuch händeweise Samen entnommen und gleichmäßig über den Acker verstreut. Bedenken Sie jedoch, dass das Hacken nach wie vor nur in der Reihensaat möglich ist.

Säen Sie auch die **Winterrettiche** wie den 'Runden schwarzen Winter' oder den helleren und länglicheren 'Münchner Bier' noch jetzt aus. Ähnlich wie bei Radieschen oder Rote Bete werden die Reihen nach der Keimung vereinzelt (siehe Seite 86), hier auf etwa 10 cm, während Sie zwischen den Reihen 30 cm Platz lassen.

Endiviensalat

Ebenfalls typisch für den Herbst sind Endiviensalate. Hier wird grundsätzlich zwischen den ganzrandigen Eskariol- und den stark gefiederten Frisée-Typen unterschieden.

Aussaat und Pflanzung: Beide bilden sehr flache und breite Köpfe. Vor der Ernte können diese jeweils einen Durchmesser von 40 cm erreichen. Die Einhaltung der empfohlenen Abstände von 30 × 40 cm ist hier also besonders wichtig. Säen Sie den Salat im Abstand von ca. 30 cm in die Erde. Alternativ können Sie ihn auch pflanzen. In jedem Fall muss er regelmäßig gegossen werden.

UNTEN Bei Endivien unterscheidet man zwischen Eskariol- (links) und Frisée-Typen (rechts).

Ernte: Der Endiviensalat kann nach ca. 8 bis 10 Wochen geerntet werden. Schneiden Sie die ganze Rosette knapp oberhalb des Bodens ab. Wenn Sie einige Tage vor der Ernte des Salates einen Teller auf seinen Kopf legen, bleiben die Blätter im Inneren schön hellgelb oder weiß und schmecken auch nicht so bitter.

Winterporree

Auch Winterporree kann im August noch gesteckt werden. Erhältlich ist hierfür eine spezielle Pflanzpistole, mit der alle 15 cm (bei 25 cm Abstand zwischen den Reihen) ein Loch in die Erde gebohrt, die Jungpflanze tief eingesetzt und das Loch wieder angedrückt wird. Häufeln Sie Porree wiederholt an, sodass der Schaft einen möglichst großen weißen Anteil erhält.

Rucola

Ein Dauerbrenner für die ganze Saison ist der Rucola. Schon im April kann er ausgesät werden, und durch seine kurze Kulturzeit können Sie dies bis in den September tun. Bei einem Reihenabstand von 20 cm kann alle 3 cm in der Reihe eine Pflanze wachsen. Rucola gehört wie alle Kohlarten zur Familie der Kreuzblütler, auch wenn man ihm die Verwandtschaft nicht auf den ersten Blick anmerkt.

Ernten Sie nach Bedarf von den reichlichen Blättern etwa für Salat oder den Pizzabelag. Wenn Rucola in Blüte geht, wird der Geschmack etwas bitterer. Sie können dann die ganze Pflanze etwa handbreit über dem Boden abschneiden, sodass sie wieder neue Blätter bildet.

Pak Choi

Anfang August ist eine gute Zeit, um Pak Choi auszusäen. Haben Sie Jungpflanzen, können Sie noch bis Mitte des Monats warten. Bei früherer Aussaat besteht die Gefahr, dass er schießt, also in Blüte geht. Das eng mit dem Chinakohl verwandte und in Südostasien beliebte Gemüse ist in 8 bis 10 Wochen erntereif und benötigt einen Pflanzabstand von etwa 25 × 15 cm.

Auch wenn er optisch eher an Mangold erinnert, gehört Pak Choi zu den Kohlsorten – und hat hierfür wiederum einen angenehm milden Geschmack. Gegen leichte Nachtfröste von bis zu – 4 °C ist er unempfindlich. Pak Choi kann entweder roh als Salat, aber auch gedünstet gegessen werden, beispielsweise in asiatischen Gerichten. Zum Ernten brechen Sie entweder nach Bedarf einzelne Blätter ab oder schneiden die ganze Pflanze dicht über der Erde ab.

UNTEN Aus der asiatischen Küche ist die Kohlsorte Pak Choi kaum wegzudenken.

Pflegen

Mehltau

Um diese Jahreszeit werden vor allem Gurken-, Zucchini- und Kürbispflanzen üblicherweise von dem Pilz »Mehltau« befallen (Falscher und Echter Mehltau siehe auch Seite 42 f.).

Sprühen Sie zur Bekämpfung von Echtem Mehltau zweimal wöchentlich ein Gemisch von Milch und Wasser im Verhältnis 1:10 auf die befallene Pflanze und deren Blätter. In der Milch enthaltene Mikroorganismen bekämpfen den gefürchteten Mehltau-Pilz. Das enthaltene Natriumphosphat stärkt zudem die Abwehrkräfte der Pflanze und beugt somit einer erneuten Erkrankung durch den Echten Mehltau vor.

Kompost

Auch im August stellt sich vermutlich die Frage, wohin Sie mit Ernteresten und Grünabfällen sollen. Eine gute Zeit, um sich mit Kompost zu befassen, der in keinem Garten fehlen sollte. Zum einen schaffen Sie so einen Ort, an den Sie Ihre Grünabfälle bringen können, zum anderen entsteht dort sehr wertvoller Humus, der jedes Beet aufwertet. Ein schattiger, etwas abgelegener Platz in Ihrem Garten ist eine gute Stelle, um einen Kompost anzulegen. Lassen Sie aus rechtlichen Gründen einen halben Meter Platz zum Nachbargrundstück.

So funktioniert's: Auf dem Kompost werden Ihre Grünabfälle von Millionen Kleinlebewesen, Pilzen und Würmern zersetzt und in Qualitätsmaterial umgewandelt, das Ihre Beete mit Nährstoffen versorgt, aber vor allem Ihrem Boden zu besserer Stabilität und Struktur verhilft. Welch Vielzahl an Prozessen dort vor sich geht, kann man allein schon daran ablesen, dass im Inneren des Komposts während der Rotte Temperaturen von etwa 60 °C entstehen, was praktischerweise vielen schädlichen Sporen den Garaus macht.

Im Handel sind vorgefertigte **Behälter** im Angebot, die einen guten Rahmen für die Kompostierung bilden. Sie können jedoch auch einen **freien Haufen** aufsetzen. Hier läuft in dessen Mitte die nötige Rotte der Materialien ab. Damit der gesamte Haufen kompostiert, sollten Sie diesen von Zeit zu Zeit **umsetzen**: Schichten Sie dafür den Haufen mit einer Schaufel an einer benachbarten Stelle neu auf. So werden auch Bereiche, die im alten Haufen am Rand waren, in die Mitte und damit ins Zentrum des Rotteprozesses verlagert. Dies hat den weiteren Vorteil, dass Ihr Kompost durchlüftet wird und die Lebewesen damit den benötigten Sauerstoff bekommen. Übrigens: Ihr Kompost reift schneller, wenn Sie ihn auf normalen Erdboden statt auf eine betonierte Stelle setzen – die tierischen Helfer können einfacher zuwandern.

Was darf auf den Kompost? Nutzen Sie alle gesunden Grünabfälle aus Ihrem Gemüsegarten, wobei Sie Kohlstrünke vorher häckseln sollten. Ansonsten ist hier auch Platz für Küchenabfälle wie Eierschalen, Kaffeesatz oder aufgegossenen Tee. Rasenschnitt und Laub können Sie in Maßen kompostieren, auch Äste – wenn Sie diese vorher zerkleinern. Ab und zu können Sie etwas Gesteinsmehl und Kalk zusetzen.

Die Schalen von Südfrüchten sollten Sie nicht kompostieren, weil die Umsetzung sehr lange dauert. Auch Fleisch ist tabu, nicht zuletzt weil es Ratten anlockt. Grundsätzlich gehört Gekochtes nicht auf den Kompost.

Wann ist der Kompost »reif«? Es gibt unterschiedliche Reifestadien. Schon nach etwa 3 bis 5 Monaten haben Sie **Frischkompost**, der noch nicht fertig durchgerottet ist. Dieser Kompost hat eine gute Düngewirkung, sodass Sie Ihre Starkzehrer damit beglücken können. Nach etwa einem Jahr erhalten Sie **Reifkompost**. Er hat eine dunkle Farbe, riecht angenehm nach Walderde und ist wunderbar krümelig, höchstens schwer umsetzbare Teile wie Eierschalen oder Holz sind noch zu erkennen. Damit haben Sie einen Kompost mit langzeitiger, aber schwächerer Düngewirkung, dafür wertet er Ihren Boden stark auf. Danach wird Ihr Reifkompost mit der Zeit zu **Komposterde**. Diese hat nicht mehr so viel Humus und kaum noch Düngewirkung, stellt aber eine tolle Erde für praktisch alle Kulturen dar.

Anwendung: Verteilen Sie eine etwa 1 cm Schicht Kompost auf Ihrem Beet und arbeiten Sie sie mit dem Spaten oder der Harke ein.

Kürbisse einkürzen

Vielleicht wächst ja dann schon im nächsten Jahr Kürbis auf Ihrem Komposthaufen. Die Pflanzen fühlen sich dort ausgesprochen wohl.

Ihre Ranken können theoretisch bis zu 15 m lang werden, damit die Früchte aber vor Saisonende im November noch ausreifen können, empfiehlt es sich, diese etwas einzukürzen, wenn sich zu viele Früchte daran gebildet haben.

Bei den reifenden Früchten kann es vorkommen, dass sie von Fäulnis befallen werden. Um dies zu vermeiden, können Sie jetzt eine Schicht Stroh oder ein Brett unter den Kürbis legen. Achten Sie bitte darauf, die Früchte dabei nicht zu verletzen.

RECHTS Wenn Sie vorsichtig Stroh unter die Kürbisse legen, beugen Sie Fäulnis vor.

Ernten

Der August ist ein typischer Erntemonat. Geeignete Lagerräume werden benötigt, auch die Gefriertruhen und Einmachregale füllen sich. Ein großer Vorteil eines eigenen Gartens ist, das Gemüse absolut frisch ernten und nutzen zu können, da große Transportwege und eine dadurch bedingte Ernte von unreifen Früchten etwa bei Tomaten nicht notwendig ist.

Tomaten erntet man übrigens immer mit der kleinen grünen Haube, die auch über eine Sollbruchstelle verfügt. **Gurken und Zucchini** können Sie von der Pflanze abdrehen oder abschneiden, beim Abdrehen sollten Sie jedoch insbesondere bei Gurken aufpassen, die Ranken nicht zu verletzen.

Lockern Sie bei der **Möhren- und Porree-Ernte** die Reihen zuvor auf, indem Sie mit einer Grabgabel oder einem Spaten neben der Reihe einstechen und das Gerät vorsichtig vor und zurück bewegen. Danach lässt sich das Gemüse viel leichter herausziehen.

Haben Sie die Röschen von **Brokkoli oder Blumenkohl** mit einem scharfen Messer abgeschnitten, können Sie die Pflanzen übrigens noch stehen lassen. Nach einiger Zeit bilden sich an den Schnittstellen weitere Röschen, die allerdings deutlich kleiner ausfallen. Ähnlich verhält es sich bei **Kopfkohl**.

Bohnen und Erbsen gehören zur Familie der Leguminosen. Diese können über Knöllchenbakterien an den Wurzeln den Stickstoff aus der Luft im Boden anreichern. Nach der Ernte der Pflanzen können Sie das Stroh, also das Bohnen- oder Erbsenkraut, oberirdisch abschneiden, sodass die Wurzeln im Boden bleiben.

Zwiebeln sind im August ebenfalls erntereif. Dies zeigen sie dadurch an, dass das Laub eintrocknet. Ziehen Sie die Zwiebeln an einem trockenen Tag aus der Erde, lassen Sie sie jedoch noch ein bis zwei Tage auf dem Beet abtrocknen. Wenden Sie sie zwischendurch. Die typische feste Schale sorgt so für eine gute Lagerfähigkeit.

Die Lagerfähigkeit von **Kartoffeln** hängt davon ab, wie dick ihre Schale ist. Für den Direktverbrauch können sie in jedem Fall schon geerntet werden. Üblicherweise stirbt das Laub nun aufgrund der Kraut- und Braunfäule ab. Sind manche Stellen besonders stark betroffen, sollten Sie hier mit der Ernte beginnen, bevor der Pilz auf die Knollen übergeht. Sie können das Laub ansonsten abschneiden, im Hausmüll entsorgen und die Kartoffeln noch länger im Boden lassen.

Welche Pflanzenteile vom Gemüse sind essbar?

Die Einteilung von Gemüse in verschiedene Gruppen hängt davon ab, welche Teile der Pflanzen üblicherweise gegessen werden. So zählen beispielsweise Möhren oder Rote Bete zum Wurzelgemüse, Kürbis und Zucchini zum Fruchtgemüse und Salate zum Blattgemüse. Allerdings bieten manche Gemüsesorten weitere essbare Pflanzenteile als »Nebenprodukt«.

Allrounder

Etwa bei Brokkoli ist praktisch die ganze oberirdische Pflanze essbar, auch wenn es holziger wird, je mehr man sich dem Erdboden nähert.

Rote Bete und Mangold sind so eng miteinander verwandt, dass man auch von der Roten Bete die Blätter und Stiele wie Mangold verwenden kann.

Die Blätter sind ebenso bei Zwiebeln, Knoblauch, Sellerie, Fenchel, Kohlrabi oder Wurzelpetersilie essbar, bei Möhren können sie mitgekocht werden. Zu bedenken hierbei ist jedoch, dass die eigentlichen Pflanzenteile, die zur Ernte gedacht sind, geschwächt werden, wenn das Laub stark geerntet wird.

Auch Unkräuter/Wildkräuter sind vielseitig einsetzbar. Junge Brennnesseln beispielsweise machen sich gut im Salat, als Tee oder als Suppe. Die Blätter der Melde etwa lassen sich zubereiten wie Spinat – und sind besonders bei Kindern deutlich beliebter als dieser. Ihre Samen lassen sich zu Mehl mahlen. Mehr über Wildkräuter siehe Seite 109.

Blüten

Nicht nur von Brokkoli, Blumenkohl und Artischocken sind die noch geschlossenen Blütenstände essbar – auch die Blüten von Zucchini oder Schnittlauch sind hübsch und schmackhaft.

Falls Sie einen echten Hingucker für Ihren Gemüseteller oder Salat suchen, garnieren Sie ihn doch mal mit den Blütenblättern von Kornblume oder Ringelblume, denn auch diese eignen sich zum Verzehr! Und das Auge isst mit.

Ausnahmen

Bei Bohnen, Kartoffeln oder Tomaten sollten Sie nur die zur Ernte gedachten Teile verwenden!

LINKS Auch die hübschen Blüten vom Schnittlauch können verzehrt werden.

SAATGUT SELBST GEWINNEN

SCHAUT MAN SICH ZU DIESER JAHRESZEIT IM GARTEN UM, MAG ES SEIN, DASS MAN AB UND ZU DEN RICHTIGEN ERNTEZEITPUNKT VERPASST HAT. DOCH MIT GESCHOSSENEM ODER ZU GROSSEM GEMÜSE WIE Z. B. ZUCCHINI LÄSST SICH NOCH ETWAS ANFANGEN.

Denn auch die Pflanzen selbst sorgen für ihre Fortpflanzung. Bei so gut wie allen Gemüsearten geschieht dies über die Samen, man spricht in diesem Fall von generativer Vermehrung. Lediglich bei Schnittlauch und Rhabarber (der dem Gemüse zugeordnet wird) lässt sich eine vegetative Vermehrung durchführen, indem die Wurzeln geteilt werden, wofür der August der richtige Monat sein kann.

Man unterscheidet generell Pflanzen, die im ersten Jahr blühen (hier erhalten Sie das Saatgut direkt im ersten Jahr), und Pflanzen, die im zweiten Jahr blühen.

Arten, die im ersten Jahr blühen: Bohnen, Erbsen, Zucchini, Rucola, Spinat

Zweijährige Pflanzen: Möhren, Mangold, Rote Bete, Zwiebeln

Geeignetes Gemüse

Zur eigenen Saatgutgewinnung eignet sich **samenfestes Gemüse**. Hierbei können Sie erwarten, dass die Ernte ungefähr so ausfällt und aussieht wie die Pflanzen des Vorjahres, von denen Sie die Samen gewonnen haben. Allerdings finden Sie oft auf Samentütchen die Bezeichnung F1. Aber was genau ist damit gemeint?

Nicht samenfest: Bei einigen Gemüsesorten, wie zum Beispiel dem Rettich, erhält man lediglich dann eine Ernte (und das auch nur einmalig), bei der alle Früchte ähnlich aussehen, wenn das Saatgut vorher sortiert wurde. Dies geschieht nach der von Mendel entdeckten Vererbungslehre, die stark vereinfacht besagt, dass »Kinder« gleich aussehender »Eltern« die gleichen Eigenschaften besitzen. Dieses sortierte, reinerbige Saatgut nennt man **F1-Hybriden**. Das »F« steht dabei für die lateinische Bezeichnung »filius« (Sohn) oder »filia« (Tochter). Konkret bedeutet das, dass das F1-Saatgut für schwarze, runde Rettiche genau dieses hervorbringt: Sie ernten ausschließlich schwarze, runde Rettiche. Diese **F1-Hybriden** sind jedoch nicht samenfest!

Das bedeutet, dass Sie zwar Saatgut dieser Pflanzen nehmen können, jedoch ist dieses schon F2-Hybrid (quasi der Enkel), der alle vielseitigen Launen der Natur und alle genetisch verfügbaren Merkmale hervorbringen kann. In diesem Fall ernten Sie im kommenden Jahr also nicht nur schwarze, runde Rettiche, sondern auch längliche, weiße oder einige, die vielleicht wie große Radieschen aussehen. Wenn Sie also selbst Saatgut gewinnen möchten, empfehlen wir Ihnen, auf samenfeste Sorten zurückzugreifen.

Samen ernten

Sie ernten entweder den Samen aus der Frucht, wie bei Erbse, Zucchini, Gurke. Oder der Samen kann aus der Blüte genommen werden, z.B. bei Mangold, Rucola, Zwiebel. Lassen Sie die Samen gut ausreifen, ernten Sie diese aber noch, bevor sie von selbst herunterfallen.

1. Nehmen Sie die Samen aus der reifen Frucht oder Blüte.
2. Waschen Sie die Samen ab und trocknen Sie sie, damit sie nicht keimen.
3. Prüfen Sie, dass keine Blatt- oder Stängelreste auf den Samen sind, damit keine Krankheiten auf sie übertragen werden können. Versuchen Sie hierzu, vorsichtig über das Saatgut zu pusten.
4. Die optimale Lagertemperatur liegt an einem trockenen, möglichst dunklen Ort zwischen 0 und 10 °C, Temperaturschwankungen sollten vermieden werden.
5. Weil die Keimfähigkeit von Gemüse zu Gemüse schwankt, sollten Sie Ihre Samen schon in der nächsten Saison verwenden.

Saatgutscheiben selbst machen

1. Saatgut, das sich im »glitschigen« Inneren Ihres Gemüses verbirgt, wie etwa bei Tomaten, können Sie gewinnen, indem Sie das Saatgut mit dem Fruchtfleischanteil in ein Teesieb geben und ordentlich abspülen.
2. Noch einfacher lässt es sich auf Küchenpapier reiben, verteilen und dort trocknen. Es haftet fest an dem Papier, das im nächsten Jahr als Saatgutscheibe in Töpfe gelegt werden kann. Etwas Erde drüber, angießen und abwarten.

UNTEN Mit ein wenig Improvisation lassen sich Saatscheiben auch selbst herstellen.

KLEINE GÄRTNER

AB IN DIE GUMMISTIEFEL UND RAUS AUFS FELD! IM GEMÜSEGARTEN GIBT ES FÜR KINDER ALLERHAND ZU TUN UND ZU ENTDECKEN. VIELE ELTERN MÖCHTEN IHREM NACHWUCHS VON KLEIN AUF DIE NATUR NÄHERBRINGEN UND LEGEN WERT AUF EINE GESUNDE ERNÄHRUNG. IM GEMÜSEGARTEN LASSEN SICH BEIDE ASPEKTE WUNDERBAR VERBINDEN.

Die richtige Ausrüstung

Anders als die meisten Erwachsenen bewegen sich Kinder gerne auch auf allen vieren durch den Garten. Daher sind robuste Sachen wie Matschhose und Gummistiefel sinnvoll. An heißen Tagen sind Sonnenhut oder Kappe unverzichtbar – genauso wie Sonnencreme, Getränke und kleine

Snacks. Natürlich wird auch das ein oder andere Gemüse wie Zuckerschoten direkt vor Ort genascht. Zum Mitmachen empfehlen sich zudem Kindergeräte und eine kleine Gießkanne.

Was kreucht und fleucht hier?

Im Garten gibt es einen kleinen Kosmos zu entdecken. Gräbt man ein bisschen mit der Schaufel, findet man schnell einen Regenwurm. Marienkäfer sitzen auf den Blättern der Gemüsepflanzen, aber auch Kartoffelkäfer und deren Larven, ebenso wie Ohrenkneifer, Tausendfüßler, Hummeln und weitere Tierchen! Es gibt Punkte und Beinchen zu zählen, die Anzahl der Regenwurmringe und so vieles mehr. Besonders eindrucksvoll lässt sich der Garten durch eine Becherlupe beobachten.

Säen und Pflanzen

Kinder können bei der Gartenarbeit spielerisch eingebunden werden und zum Beispiel beim Pflanzen oder Säen mithelfen. Bereiten Sie gemeinsam das Saatbett vor, zerkleinern Sie noch vorhandene Erdklumpen und verfeinern Sie die Erde. Ziehen Sie mit dem Stiel eines Gartengerä-

UNTEN Für Kinder gibt es im Gemüsegarten allerhand Spannendes zu entdecken.

tes eine Saatrille. Nun können die Kleinen selbst das Saatgut hineinlegen. Hier helfen Sorten, die nicht zu fein sind und von Kindern gehalten werden können, wie Erbsen. Bedecken Sie das Saatgut und überlassen Sie Ihrem Kind das Angießen.

Gießen und Matschen

Wasser bereitet Kindern immer große Freude. Da sie den Bedarf der Pflanzen schwer einschätzen können, empfehlen wir, sie die Pflanzen gießen zu lassen, die viel Wasser brauchen und etwas robuster sind, wie zum Beispiel die verschiedenen Kohlsorten. Planen Sie außerdem eine kleine Ecke im Garten, in der ungestört nach Lust und Laune gematscht, gespielt und gegossen werden kann.

Ernten

Eine wertvolle Erfahrung für Kinder ist die Ernte. Binden Sie sie ein und veranstalten Sie eine Schatzsuche. Ziehen Sie zunächst z. B. die Kartoffelpflanze aus der Erde und geben Sie Ihrem Kind eine kleine Handschaufel. Nun kann das Buddeln beginnen und Ihr Kind kann nach den Kartoffeln suchen. Weitere Gemüsesorten, die sich zum Ernten eignen, sind auch Radieschen, Rote Bete oder Möhren. Achten Sie bei der Möhrenernte darauf, dass der Boden vorher an den Seiten gelockert oder feucht ist.

Vorsicht: giftige Pflanzen

Leider ist nicht alles, was im Garten wächst, genießbar. Klären Sie Ihre Kinder auf und haben Sie ein Auge darauf, dass sie nicht von den oberirdischen Früchten sowie den Blättern der Kartoffelpflanze naschen, denn **alles Grüne an der Kartoffel** ist giftig! In manchen Gärten befinden sich auch die giftigen Unkräuter **Nachtschatten** oder **Stechapfel**. Diese sollten Sie so schnell wie möglich entfernen.

Falls Ihr Kind trotz aller Sicherheitvorkehrungen doch von den giftigen Pflanzenbestandteilen genascht haben sollte, rufen Sie die **Notfallnummer 112** an. Für allgemeine Informationen hilft die örtliche Giftzentrale weiter.

Ideen für zu Hause

Schopfgarten: Schneidet man den oberen Teil von Möhren, Radieschen oder Rettich, an dem die Blätter wachsen, ab und legt diesen auf einen mit etwas Wasser gefüllten Teller, kann man fast dabei zusehen, wie oben aus den Rübchen wieder frisches Grün austreibt. Ein spannendes Experiment für die Kinder.

Bemalte Steine im Gemüsegarten oder Kräutertopf sehen toll aus und bereiten den Kindern Freude. Hier bieten sich Wasser- oder Acrylfarben an, die Sie anschließend mit Lack fixieren.

Kresse säen macht Spaß und die Ernte schmeckt toll auf dem Käsebrot, im Rührei oder im Salat. Legen Sie einen kleinen Teller oder eine Untertasse dünn mit Watte aus und halten Sie diese feucht. Streuen Sie die Kressesamen einfach auf die feuchte Watte und schon nach wenigen Tagen können die Kinder ernten. Kresse zählt zu den am schnellsten keimenden Samen.

Gemüse des Monats: Paprika

OB DIE MILDE GEMÜSEPAPRIKA, DIE SPITZ ZULAUFENDEN UND MEISTENS SCHARFEN PEPERONI ODER DIE DEFINITIV SEHR SCHARFEN CHILIS: SIE ALLE HABEN SEHR ÄHNLICHE ANSPRÜCHE BEZÜGLICH ANZUCHT UND PFLEGE, SODASS SICH FOLGENDE TIPPS ÜBERTRAGEN LASSEN, AUCH WENN NUR VON DER PAPRIKA DIE REDE IST.

Aussaat und Pflanzung

Da sich Paprika in der Entwicklung recht lange Zeit lässt, ist eine frühe Anzucht wichtig. Ende Februar/ Anfang März sollten Sie die Samen in die Erde bringen, damit die Jungpflanzen über die Saison genügend Zeit haben, sich gut und reichlich zu entwickeln. Säen Sie in eine Anzuchtschale oder ein Anzuchttöpfchen aus und stellen Sie diese hell und relativ warm in der Wohnung auf. Wenn Sie nicht über ein Gewächshaus oder einen Wintergarten verfügen, ist ein Südfenster die beste Wahl.

Wenn sich neben den Keimblättern das erste Laubblatt an den Sämlingen entwickelt, können Sie die Pflänzchen jeweils in einen eigenen Topf pikieren (siehe »Gemüse vereinzeln« auf Seite 86). Mit dem Auspflanzen sollten Sie bis nach den Eisheiligen Mitte Mai warten. Setzen Sie die Pflanzen dann in einem Abstand von 40 × 40 cm. Als Starkzehrer freuen sich Paprika, Chili und Peperoni über eine Düngung mit beispielsweise Mist.

Pflege

Wenn Sie die Knospe, die sich als Erstes in der ersten Verzweigung am Ende des Mitteltriebes

UNTEN Von der hübschen Blüte bis zur Frucht: Paprika und Peperoni haben viel zu bieten.

REZEPT: GANZE PAPRIKA GRILLEN

Wenn es im Sommer mal schnell gehen soll und Sie eine spontane Beilage zum Grillfleisch reichen wollen, legen Sie einfach ganze Paprikaschoten auf den Grill. Unter mehrmaligem Wenden bleibt das Gemüse so lange auf dem Rost, bis die Haut dunkelrot bis fast schwarz ist.

Dann geben Sie die fertig gegrillten Paprika in entsprechend viele Gefrierbeutel, verschließen diese und lassen die noch warmen Schoten etwa 30 Minuten schwitzen. Anschließend lässt sich die Haut ganz unkompliziert mit den Fingern abziehen.

Serviert werden die Schoten im Ganzen, geviertelt oder in Scheiben geschnitten. Mit ein paar Tropfen Olivenöl beträufelt und mit grobem Meersalz und frischen Kräutern bestreut, schmecken die frisch gegrillten Paprika besonders aromatisch.

der Pflanze bildet, mit den Fingern abknipsen, wird die Paprika mehr Früchte ansetzen. Opfern Sie also die sogenannte Terminalknospe oder Königsblüte, sobald sie blüht.

Mit der Zeit kann es nötig werden, dass Sie die Pflanzen abstützen, damit sie nicht durch Wind oder die Last ihrer Früchte abbrechen.

Ernte

Brechen Sie die Früchte bei gewünschter Reife vorsichtig ab, da hierbei leicht Äste abbrechen können. Übrigens: Alle grünen Früchte werden noch zu einer bestimmten Farbe wie Gelb oder Rot abreifen. Grüne Paprika sind also unreif, aber nicht giftig.

Schädlinge und Krankheiten

Neben Blattläusen können sich Schnecken für die Pflanzen interessieren. Tipps dazu finden Sie auf den Seiten 38 f.

Aufbewahrung

Paprika können einige Tage außerhalb des Kühlschranks aufbewahrt werden. Chilis und Peperoni lassen sich trocknen, sodass sie dadurch deutlich haltbarer werden – und übrigens auch schärfer.

Nährstoffe

Paprika ist reich an Vitamin C. Sie enthält die Mineralstoffe Magnesium, Kalium, Zink und Phosphor.

DAS PASSIERT IM SEPTEMBER

IST SEPTEMBER WARM UND KLAR, HOFFEN WIR AUF EIN FRUCHTBAR' JAHR.

GUT ZU WISSEN

SEPTEMBER BEDEUTET HERBSTBEGINN. IM GEMÜSEGARTEN SIND NUN DIE MEISTEN ARTEN ERNTEREIF, DIE ETWAS LÄNGER IN DER ENTWICKLUNG BENÖTIGEN. ABER AUCH LETZTE AUSSAATEN UND PFLANZUNGEN LASSEN SICH NOCH ERLEDIGEN.

Sowohl meteorologisch (am 1.), astronomisch zur Tagundnachtgleiche (22. oder 23.) als auch phänologisch zur Reife des Schwarzen Holunders, der Birnen und Pflaumen läutet der September den Herbst ein. Die phänologischen Jahreszeiten werden nicht durch ein bestimmtes Datum festgelegt, sondern von Naturereignissen eingeleitet. Dies bedeutet auch, dass sie regional zu unterschiedlichen Zeiten eintreten können. In der Landwirtschaft sind gerade die phänologischen Jahreszeiten eine Entscheidungshilfe dafür, wann welche Tätigkeiten erledigt werden müssen.

ÜBERBLICK: WAS LIEGT AN?

- **Aussäen:** Feldsalat, Dill, Spinat, Radieschen, Rucola, Postelein (Tellerkraut)
- **Pflanzen:** Feldsalat, Kopfsalat, Endivien, Rhabarber, Chinakohl
- **Ernten:** Fenchel, Möhren, Mangold, Rote Bete, Salat, Kohlrabi, Blumenkohl, Brokkoli, Kopfkohl, Radieschen, Rucola, Zucchini, Tomaten, Kartoffeln, Porree, Sellerie und Kürbisse
- **Pflegen:** Schnittlauch teilen, Tomaten pflegen (siehe Seite 110)
- **Sonstiges:** Dillsamen abschneiden

Säen und Pflanzen

Dill

Dill hat eine schnelle Entwicklungszeit, daher lässt er sich über eine lange Zeit während der Saison aussäen. Sie können ihn mit Möhrensamen mischen (siehe Seite 72), und ihn natürlich auch eigenständig anbauen. Wählen Sie dann einen Reihenabstand von 20 cm und 5 cm in der Reihe.

Nachdem er vorerst sehr aromatisches Blattwerk entwickelt, geht er doch relativ schnell in Blüte. Diese Blüten machen sich gut in Sträußen und bieten Bienen und anderen Insekten willkommene Nahrung. Sie können sie jedoch auch schneiden, um Saatgut zu gewinnen, trocknen und braun werden lassen (siehe Seite 100). Wenn Sie die Blütenstände stehen lassen, siedelt sich Dill nach kurzer Zeit oft von alleine in einem Garten an.

Rhabarber

Rhabarber ist eine der wenigen ausdauernden Gemüsearten. Im September ist eine gute Zeit für die Pflanzung, unter anderem auch weil der Boden noch warm ist. Im nächsten Jahr werden Sie dann die Stängel bis Johanni, also dem 24. Juni, ernten können. Danach pausiert man damit, sodass sich die Pflanze erholen kann – und die Stängel nicht zu sauer werden.

Rhabarber können Sie ganz einfach vermehren, indem Sie die Wurzel mithilfe eines Spatens vertikal teilen. Das ist sonst im Gemüsebereich nur noch bei Schnittlauch üblich.

Postelein

Relativ unbekannt ist Postelein, das auch Tellerkraut, Winterportulak, Indianerspinat oder Kubaspinat genannt wird. Wenn Sie über ein Gewächshaus verfügen, bietet das vitaminreiche Postelein Ihnen eine wunderbare Möglichkeit, auch über den Winter frischen Salat zu ernten. Da die Pflanzen aber auch Fröste bis −15 °C gut aushalten, eignen sie sich bestens für den Hausgarten. In kälteren Nächten können Sie sich mit einem schützenden Vlies helfen. Bei Temperaturen am Gefrierpunkt und darunter stellt die Pflanze das Wachstum so lange ein, bis das Thermometer wieder auf 5–8 °C klettert.

Säen Sie Postelein mit einem Reihenabstand von etwa 20 cm aus. Da das Saatgut sehr fein ist, gelingt eine dichte Aussaat, die Sie später auf 5 bis 10 cm vereinzeln, besser. Lassen Sie dabei jedoch nicht jeweils ein, sondern drei bis fünf Pflänzchen stehen, damit sich später schöne Büschel ergeben. Postelein benötigt Keimtemperaturen um die 10 °C, eine frühere Aussaat wäre also weniger erfolgversprechend.

Ernten Sie Postelein, indem Sie die Blätter mit Stielen 5 bis 10 cm über dem Boden abschneiden, so treibt er noch einige Male neu aus.

Sie können Postelein übrigens tatsächlich wie Spinat kochen, hierzu eignen sich sogar die älteren, sich dann rötlich verfärbenden Blätter. Wenn Sie Richtung Frühjahr wieder Platz für neue Pflanzen benötigen, ist es ohnehin an der Zeit, den Postelein abzuernten.

Wildkräuter

Über die gesamte Saison wurden Sie bislang auch von Pflanzen begleitet, die in Ihrem Gemüsebeet als Unkräuter und somit als Konkurrenten im Kampf um Licht, Nährstoffe und Wasser eher ungebetene Gäste waren. Doch unter ihnen gibt es für die Küche sehr interessante Vertreterinnen. In Sachen Vitamine und Mineralstoffe sind sie dem Gemüse sogar oft überlegen. Manche lassen sich selbst im Winter noch ernten, wenn im Beet sonst wenig zu holen ist.

Grundsätzlich sollten Sie immer einen Profi um Rat fragen oder zumindest ein gutes Bestimmungsbuch zur Hand haben, wenn Sie Wildkräuter sammeln. Denn auch hier gibt es giftige Vertreter, die Sie sicher von den genießbaren unterscheiden können müssen. Achten Sie zudem darauf, die Kräuter beim Sammeln außerhalb Ihres Gartens nicht direkt vom Wegesrand zu nehmen. Hier ist die Schadstoffbelastung eventuell höher als etwas abseits, zudem könnten die Pflanzen von Hunden markiert worden sein.

Wenn Sie diese Grundregeln beachten, können Wildkräuter eine tolle Ergänzung zu Ihrem Gemüse-Speiseplan sein.

Vogelmiere, **Hirtentäschelkraut** oder **Ackerhellerkraut** in Ihrem Garten zu finden ist alles andere als unwahrscheinlich. Hier können Sie die frischen Blätter direkt als Salatergänzung oder als Aufwertung Ihres Brotaufstrichs verwenden. Auch die **Melde** zeigt sich oft, früher eine beliebte Kulturpflanze, die ähnlich wie Spinat zubereitet wird.

Giersch im Garten ist zwar lästig und durch seine unterirdischen Ausläufer schwer zu entfernen, die jungen Blatter sind jedoch sehr lecker und erinnern geschmacklich an Petersilie.

Brennnesseln sind nicht nur Lebensgrundlage für zahlreiche Schmetterlinge, auch als Salat, Spinat oder Tee bieten sie reichliche Verwendungsmöglichkeiten. Sie werden – ähnlich wie der Löwenzahn, der einen bitter-frischen Geschmack hat – sogar von einigen Gärtnereien angebaut. Wenn Sie **Löwenzahn** ernten wollen, können Sie einige Tage vorher einen dunklen Eimer darüberstülpen, so bleicht er aus und schmeckt besser.

Ein gesunder Tee lässt sich auch aus gesammelten **Kamillenblüten** aufgießen. Auch zum Inhalieren bei Erkältung ist dieser Aufguss gut. Wenn der Kopf der Blüte hohl ist und diese intensiv riecht, dann haben Sie die Echte Kamille gefunden.

UNTEN Aus selbst gesammelten Kamillenblüten lässt sich ein leckerer Tee zubereiten.

Pflegen

Während Ihr Gemüse im September kaum noch Wasserbedarf hat bzw. die Wahrscheinlichkeit steigt, dass dieser vom Regen gedeckt wird, sollten Sie nach wie vor Ihre Beete **durchhacken** (siehe Seite 64). Ihr Boden wird es Ihnen danken.

Schnittlauch teilen

Jetzt ist ein guter Zeitpunkt, Ihre Schnittlauchpflanzen zu teilen, um sie zu verjüngen und zu vermehren. Dafür können Sie sie jeweils mit einem Spaten vertikal durchstecken und den Ballen entweder gleich mit dem Spaten durchstechen oder mit einem größeren Messer teilen.

Setzen Sie dann die halbierten Ballen neu ein und versorgen Sie sie mit Kompost. So sorgen Sie für steten Nachschub auch im nächsten Jahr.

Zwar sind die Blüten des Küchenkrauts sehr schön und auch essbar, weshalb sie sich gut auf Salat machen, deren Stängel sind jedoch hart und stören beim Schnitt. Warten Sie die Blüte im nächsten Jahr ab und lassen Sie sie vorübergehen, statt die Stängel kontinuierlich auszubrechen. Danach werden wieder die weicheren Röhren gebildet.

Tomaten pflegen

Weil den Tomaten zum Ende der Vegetationsperiode nicht mehr genügend Licht und Wärme zur Verfügung stehen, um viele weitere Früchte zu entwickeln, sollten Sie sie dabei unterstützen, ihre Kraft auf die Tomaten zu konzentrieren, die noch

reifen können. Nachdem Sie die Pflanzen aus ähnlichen Gründen immer wieder ausgegeizt haben, sollten Sie nun auch den Haupttrieb oberhalb einer gut angelegten Rispe kappen.

Schauen Sie sich also Ihre Pflanzen an und wählen Sie eine Rispe am oberen Ende der Pflanze aus, die schon Tomaten angesetzt hat. Nehmen Sie sich nun eine Gartenschere oder ein scharfes Messer und durchtrennen Sie den Haupttrieb oberhalb dieser Rispe. Hier können Sie das Blattpaar, das oberhalb der Rispe sitzt, als Schnittstelle auswählen. Wenn dies oberhalb der letzten Rispe als Endpunkt des Haupttriebs an der Pflanze bleibt, ist die Versorgung dieser Rispe noch etwas besser, als wenn Sie direkt oberhalb der Rispe schneiden würden.

Ernten

Noch immer können Sie von Mangold und Roter Bete ernten, die übrigens sehr eng miteinander verwandt sind. Im Grunde genommen unterscheiden sie sich nur dadurch, dass beim Mangold Stiele und Blätter größer gezüchtet sind, bei der Roten Bete hingegen die Knolle. Dies heißt im Umkehrschluss auch, dass bei der Roten Bete ebenfalls Blätter und Stiele essbar sind, eine Knolle gibt es beim Mangold hingegen nicht.

Ernten Sie **Mangold** ganz einfach, indem Sie nach Bedarf immer die äußeren Stiele an der Basis ausbrechen, dann liefert die Pflanze über die ganze Saison aus ihrem Vegetationspunkt in der Mitte Nachschub. Als zweijährige Pflanze würde sie dann in der nächsten Saison in Blüte gehen, so-

REZEPT: ROTE-BETE-SALAT

- 400 g rohe Rote Bete
- 3 große Möhren
- 1 Apfel
- 1 Handvoll Cranberrys
- 1 Handvoll Walnüsse oder Pinienkerne
- 2 Esslöffel Honig
- Etwa 5 EL Olivenöl
- Etwa 2 EL weißen Balsamico
- Etwas Salz und Pfeffer

Schälen Sie die Rote Bete (bevorzugt mit Hand-schuhen) und raspeln Sie sie mit einer Reibe klein. Schälen und reiben Sie die Möhren und den Apfel und geben Sie sie zusammen mit den

Cranberrys dazu. Hacken Sie die Nüsse klein und rösten Sie sie wenige Minuten in der Pfan-ne. Mischen Sie die Zutaten für das Dressing und geben Sie alle Zutaten zusammen.

dass sie anschließend abgeräumt und neu ausge-sät oder gepflanzt werden kann.

Bei der Zubereitung ähnelt Mangold dem Spinat. Brechen Sie die Blätter jedoch zunächst von der Pflanze und schneiden Sie diese dann in ca. 1 bis 2 cm große Stücke. Dünsten Sie erst die Stielteile in der Pfanne mit etwas Öl an und geben Sie ein wenig später die restlichen Blätter hinzu.

Zur Ernte der **Roten Bete** ziehen Sie einfach die Knollen, die für Sie die gewünschte Größe erreicht haben, aus der Erde. Wir empfehlen je nach Sorte die Ernte ab ca. 5 cm. Wenn Sie mit den größeren Knollen beginnen, haben die Kleineren noch Platz, um zu wachsen. Außerdem können Sie hier die

gewünschte Größe in einem gewissen Rahmen über den Abstand, in den Sie die Pflänzchen ver-einzelt haben, bestimmen: Wollen Sie Baby Beets, also sehr kleine Knollen, ernten, wählen Sie einen kleinen Abstand, für größere Knollen lassen Sie nur alle 10 bis 15 cm eine Pflanze stehen.

Auch die **Kürbisernte** hat nun Hochkonjunktur. Ernten Sie dann, wenn der Stielansatz zwischen Frucht und Ranke verholzt. Seien Sie jedoch vor-sichtig, dass Sie keine Ranke verletzen, da sonst das Wachstum der verbleibenden, noch zu ern-tenden Kürbisse gestört wird.

Weitere Gemüsesorten für die Septemberernte: Salate, Porree, Möhren, Kohl, Kartoffeln.

GEMÜSE EINKOCHEN

EINE BEWÄHRTE METHODE, GEMÜSE ODER OBST HALTBAR ZU MACHEN, IST DAS EINKOCHEN ODER EINWECKEN. HIER WIRD DIE ERNTE UNTER HITZE LUFTDICHT IN GLÄSERN VERSTAUT, SODASS SIE DIESE AUCH NOCH BIS ZU EINEM JAHR SPÄTER VERWENDEN KÖNNEN.

Gläser reinigen

Wichtig ist, dass die Gläser und Deckel, die Sie zum Einwecken benutzen, gut gesäubert werden. Geben Sie beides in einen Topf, füllen Sie ihn mit Wasser auf, kochen Sie alles ca. 5 Minuten in sprudelndem Wasser ab, damit keine Verunreinigungen die Nahrung verderben können. Achten Sie auf eine schonende Erwärmung und anschließende langsame Abkühlung, damit das Glas nicht springt.

Verwenden Sie zur Reinigung der Gummis einen Schuss Essig – jedoch niemals Spülmittel.

Ab ins Glas

Säubern Sie Ihr Gemüse, schneiden Sie es nach Bedarf in Stücke und bedecken Sie es in den Gläsern je nach persönlichem Geschmack mit gesalzenem Wasser oder etwa Essigsud mit Kräutern. Alternativ können Sie das Gemüse auch vorgaren, bevor Sie es dann tatsächlich einkochen. Dies verkürzt die Einkochzeit.

Wischen Sie den Rand der Gläser mit einem sauberen Tuch ab. Legen Sie dann den ebenfalls gereinigten und unbeschädigten Gummi zwischen Glas und Deckel und fixieren Sie den Deckel mit den metallenen Halteklemmen.

Beachten Sie, dass sich die Mengenangaben in den zahlreichen Rezepten immer auf das bereits geschälte Gemüse beziehen.

Haltbar machen

Auf dem Herd

Zum eigentlichen Einkochen stellen Sie die verschlossenen Gläser in einen größeren Topf, in dem sie etwa zu zwei Dritteln mit Wasser bedeckt werden, das nun erhitzt wird. Die Gläser sollen sich nicht berühren. Die Einkochzeit beginnt mit dem Erreichen der Zieltemperatur, siehe Tabelle.

Die Temperatur des Wasserbades muss zu Beginn des Einkochens stets die gleiche Temperatur haben wie der Gläserinhalt. Das bedeutet, dass Gläser mit kaltem Inhalt nur in zunächst kaltes Wasser gestellt werden und Gläser mit heißem Inhalt (da etwa Gemüse vorgegart wurde) mit heißem Wasser aufgesetzt werden. Lassen Sie die Gläser nach dem Einkochen 10 Minuten im heißen Wasser stehen. Nehmen Sie sie dann heraus und legen

Sie ein Küchentuch darüber. So kühlen die Gläser langsam ab und das Vakuum bildet sich.

Im Backofen

Alternativ können Sie auch den Backofen verwenden. Hier machen Sie alles so wie auf dem Herd, benutzen aber statt des Topfes eine Fettpfanne oder ein höheres Backblech. Füllen Sie Wasser in das Behältnis und stellen Sie die Gläser so, dass sie sich nicht berühren. Geben Sie die Gläser in den Ofen und heizen Sie ihn auf ca. 200 °C auf. Das Einkochen beginnt, sobald Luftblasen im Glas zu sehen sind. Passen Sie die Temperatur nun auf 140 °C an. Die Einkochzeit variiert je nach Inhalt zwischen 20 und 90 Minuten (siehe Tabelle). Lassen Sie die Gläser nach dem Einkochen eine halbe Stunde im ausgeschalteten Ofen stehen und dann unter dem Küchentuch langsam abkühlen.

Twist-off-Gläser

Noch einfacher ist das Einkochen mit Gläsern mit Schraubverschluss. Füllen Sie das Gemüse noch heiß ein und drehen Sie den Deckel zu. Stellen Sie die Gläser nach dem Einkochen einige Minuten auf den Kopf, bevor Sie sie umdrehen und unter einem Geschirrtuch abkühlen lassen. Der Vakuumeffekt lässt sich am Deckel erkennen, wenn dieser sich nach innen wölbt. Und wölbt er sich im Verlauf der Lagerung nach außen, so ist der Inhalt leider verdorben.

WIE HEISS, WIE LANG?

Gemüse	Temperatur zum Einkochen auf dem Herd	Einkochzeit vorgegartes Gemüse	Einkochzeit rohes Gemüse
Rote Bete	98 °C	20 Min.	45 Min.
Möhren	98 °C	60 Min.	90 Min.
Tomaten	85 °C	--	30 Min.
Gurken	98 °C	30 Min.	--
Bohnen	98 °C	60 Min.	90 Min.
Erbsen	98 °C	60 Min.	90 Min.
Kürbisse	90 °C	--	30 Min.
Zucchini	80 °C	10 Min.	30 Min.

Wenn Sie beim Einkochen alles richtig gemacht haben, hören Sie beim Öffnen des Glases das vertraute Plopp-Geräusch.

Gemüse des Monats: Kartoffel

KARTOFFELN GEHÖREN ZUR FAMILIE DER NACHTSCHATTENGEWÄCHSE. KURZ NACH IHRER EINFÜHRUNG IN EUROPA WAR NOCH NICHT ALLEN MENSCHEN KLAR, DASS NUR DIE UNTERIRDISCHEN KNOLLEN ESSBAR UND ALLE GRÜNEN PFLANZENTEILE UNGENIESSBAR UND LEICHT GIFTIG SIND. HEUTE SIND KARTOFFELN AUS DER KÜCHE NICHT WEGZUDENKEN.

Aussaat und Pflanzung

Kartoffeln werden nicht gesät, sondern als sogenannte Saatkartoffeln gelegt. Dazu lassen Sie die Kartoffeln zunächst offen liegen, bis sich ausreichend Triebe bilden. Diesen Prozess nennt man Vorkeimen. Achten Sie darauf, dass die Triebe nicht länger als 5 cm werden, bevor Sie die Kartoffeln in die Erde legen. Dies geschieht meist im Mai. Wenn Sie schon im April frühe Kartoffeln legen möchten, sollten Sie diese mit Vlies oder Folie abdecken und so vor Frost schützen. Legen Sie die Kartoffeln 8 bis 10 cm tief im Abstand von 30 bis 35 cm in die Erde. Üblicherweise erfolgt der Anbau in Dämmen, da diese sich besser erwärmen, die Knollen mehr Platz haben und die Fläche besser gehackt werden kann. Dafür wird die Erde nach dem Legen über den Knollen angehäufelt. Die Dämme haben eine Breite von etwa 60 cm.

Pflege

Das Anhäufeln sollte bei Kartoffeln regelmäßig wiederholt werden. Das bedeutet, dass Sie immer wieder Erde auf die Dämme ziehen, damit diese erhalten bleiben. Diese Maßnahme ist notwendig, damit die Blätter der Kartoffelpflanze stets mit Erde bedeckt sind. Wenn sie Licht abbekommen, werden sie nämlich grün und leicht giftig.

Wenn die Stiele etwa 25 cm hoch sind, sollten Sie so viel Erde anhäufeln, dass noch ca. 10 cm Blattwerk herausschauen. Diese Arbeit muss eventuell ein bis zwei Mal während der Hauptwachstumsperiode ab Mitte Juli wiederholt werden. Wenn das Laub sich verfärbt und abzusterben beginnt,

UNTEN   Die Ernte der Kartoffel gleicht ein bisschen einer Schatzsuche.

endet auch das Wachstum der Knollen. Zur Pflege gehört auch das Absammeln der Kartoffelkäfer (siehe rechts).

Ernte

Die Kartoffelblüten zeigen, dass die Kartoffeln nun kleine Knollen bilden. Diese können jetzt schon als Babykartoffeln geerntet werden.

Üblicherweise wartet man mit der Kartoffelernte jedoch, bis die Pflanze welkt und braun wird. Dann ist der ideale Zeitpunkt, um die Kartoffeln aus der Erde zu graben. Die Früchte liegen unter dem Haupttrieb in der Erde und lassen sich gut finden, wenn man den Boden in einem Radius von circa 50 bis 60 cm um die Pflanze herum aufgräbt. Geeignet ist hierfür die Grabegabel, der Spaten oder die Handschaufel. Ansonsten ist der Boden ein guter Lagerplatz für die Knollen. Entfernen Sie das Laub und ernten Sie nach und nach nur so viel, wie Sie benötigen. Vor den Frösten sollten Sie die Kartoffeln jedoch ernten und einlagern.

Hinweis: Kartoffelknollen, die zu nah an der Oberfläche lagen und grün geworden sind, sollten Sie nicht verzehren. Sie enthalten das giftige Solanin.

Aufbewahrung

Wenn Sie Kartoffeln lagern wollen, sollten sie an einem trockenen Tag geerntet und dann ein paar Stunden in der Sonne getrocknet werden. Beschädigte Knollen werden aussortiert und die restlichen Kartoffeln in einem Sack oder Korb an einem kühlen, dunklen, nicht zu trockenen Platz gelagert.

Schädlinge und Krankheiten

Der **Kartoffelkäfer** mit seinen schwarz-gelb gestreiften Flügeln stammt ursprünglich aus den USA, ist jedoch inzwischen auch in ganz Europa verbreitet. Bei Befall hilft leider nur das Absammeln und Töten der Käfer und Larven. Wenn Sie bedenken, dass der Kartoffelkäfer im Boden überwintert, wird der Sinn des Fruchtwechsels im Beet gut nachvollziehbar: Findet der Schädling im nächsten Jahr die Kartoffeln an der gleichen Stelle, hat er leichteres Spiel, als wenn er sie im neuen Jahr erst suchen muss.

Das Wachstum der Blätter wird von der **Kraut- und Braunfäule** begrenzt. Diese Pilzkrankheit ist quasi unvermeidbar und führt zum Absterben der Blätter. In feuchten Jahren tritt sie je nach Wetter einige Wochen früher auf, bei starkem Befall empfiehlt es sich, die Kartoffeln als Babykartoffeln zu ernten, bevor der Pilz auf die Knollen übergehen kann. Entfernen Sie in diesem Fall das Laub und werfen Sie es in den Hausmüll.

Nährstoffe

Kartoffeln enthalten Vitamin C sowie B_1, B_2 und B_6. Unter den pflanzlichen Eiweißlieferanten ist die Kartoffel ganz an der Spitze. Neben Kohlehydraten und Ballaststoffen liefert die Kartoffel auch Magnesium, Eisen und Phosphor.

Da die meisten dieser wertvollen Nährstoffe direkt unter der Schale konzentriert sind, sollten Sie Kartoffeln grundsätzlich mit Schale kochen und sie erst anschließend pellen.

DAS PASSIERT IM OKTOBER

BRINGT DER OKTOBER VIEL REGEN,

IST'S FÜR DIE FELDER EIN SEGEN.

GUT ZU WISSEN

BEI GUTEM WETTER IST DER OKTOBER EIN GOLDENER. DIE BLÄTTER VERFÄRBEN SICH
IN ALLEN FARBEN UND DER HERBST BIETET EIN SPEZIELLES LICHT.

So schön der Oktober meist ist – der Lebenszyklus einjähriger Pflanzen neigt sich nun stark dem Ende entgegen. Viele sterben mit dem ersten Frost, der oftmals im Oktober kommt – andere wiederum stecken gelegentlich auftretende leichte Minusgrade locker weg. Gemüse, das kälteempfindlich ist und keinen Frost verträgt, muss entweder geschützt oder vorher abgeerntet werden.

ÜBERBLICK: WAS LIEGT AN?

- **Säen unter Vlies:** Gartenkresse, Radieschen und Spinat
- **Pflanzen:** Knoblauch
- **Ernten:** Kürbisse, Zucchini, Tomaten, Kartoffeln, Kopfkohl, Grünkohl, Rosenkohl, Porree, Wurzelpetersilie, Pastinaken, Möhren, Rote Bete, Sellerie, Feldsalat
- **Pflegen:** Frostschutz, schwere Böden umgraben
- **Sonstiges:** Laub auf Beete geben und als Haufen zur Überwinterung für Tiere anbieten, Kräuter überwintern

Säen und Pflanzen

Je nach Wetterlage können Sie es noch immer mit einem Satz Radieschen, Spinat oder Gartenkresse versuchen, da alle diese Kulturen schnell wachsen und gutes Wetter effizient ausnutzen können.

Knoblauch

Die richtige Zeit ist nun jedoch für Knoblauch. Ihn zu **setzen** ist ganz einfach: Trennen Sie dafür von der Knolle einzelne Zehen ab, entfernen Sie die trockene Außenschale (die pergamentartige Haut sollte dabei jedoch erhalten bleiben), und stecken die Zehen mit der Spitze nach oben aufrecht etwa 5 cm tief in die Erde. Der Abstand zwischen den Reihen beträgt etwa 25 cm, innerhalb einer Reihe 15 cm. Danach braucht Knoblauch regelmäßig Wasser, was in der Regel jahreszeitenbedingt ohnehin sichergestellt ist.

UNTEN Fast zu hübsch zum Essen: Aus Knoblauch lassen sich wunderbare Zöpfe flechten.

Achten Sie darauf, **heimischen Knoblauch** zu verwenden, denn nur dieser bringt die nötige Winterhärte mit. Für Ihren Garten geeignet sind also eher Knollen aus Mitteleuropa als Knoblauch aus deutlich südlicheren Gegenden.

Vermutlich noch im gleichen Jahr strecken sich zarte Triebe aus der Erde – lange bevor der Knoblauch im nächsten Sommer **ausgereift** sein wird. Dies erkennen Sie ganz leicht daran, dass das Laub einzieht und vertrocknet, womit Sie ab Juli rechnen können. In der Zwischenzeit ist keine besondere Pflege vonnöten.

Ziehen Sie die Knollen dann aus der Erde und lassen Sie sie abtrocknen, damit sie aufbewahrt werden können, ohne zu schimmeln: Befreien Sie die Knollen also grob von der Erde und legen Sie sie für einige Stunden zum Trocknen aus.

Wenn Sie das trockene Laub nicht entfernen, können Sie dekorative **Knoblauchzöpfe** flechten – nicht nur praktisch, sondern auch eine hübsche Dekoration in der Küche.

Lagern Sie Knoblauch ansonsten dunkel, trocken und kühl – jedoch niemals im Kühlschrank, dort ist es einfach zu feucht. Sie können die Zehen auch in Öl haltbar machen. Dafür müssen sie geschält und unbedingt vollständig vom Öl bedeckt sein.

Guter Nachbar: Knoblauch können Sie beispielsweise zwischen Erdbeeren setzen, da er diese dann vor Grauschimmel schützt. Auch zwischen Möhren ist er hilfreich, da er die Möhrenfliege abhält – und Salat bewahrt er vor Fäulnis.

Pflegen

Erster Frostschutz

Während manches Gemüse wie Rotkohl, Rosenkohl oder Grünkohl durchaus ein wenig Frost verträgt, sollten Sie Rote Bete und Möhren davor schützen. Legen Sie ein Gartenvlies über diese Kulturen. Schwacher Frost kann so gut abgehalten werden.

Schwere Böden umgraben

Wenn Sie einen schweren Boden haben, können Sie diesen nun umgraben, sodass er durch den Frost über den Winter aufgesprengt und dadurch krümeliger wird. Dies nennt man Frostgare.

Kräuter überwintern

Sobald es kühler wird und sich der erste Frost ankündigt, ist es Zeit, sich um die Überwinterung Ihrer Kräuter zu kümmern. Einige Ihrer gepflanzten Kräuter **vertragen Frost** und können also getrost im Kräuterbeet oder im Kübel bleiben: Hierzu zählen Salbei, Thymian und Lavendel. Darüber hinaus gibt es Kräuter, vorwiegend mediterrane, die **keinen Frost vertragen** und daher in einem Kübel im Haus überwintern sollten. Diese sind Lorbeer, Basilikum, Zitronenverbene und Rosmarin. Sind Ihre Kräuter im Beet gewachsen, sollten Sie diese vor der Überwinterung in einen Kübel umpflanzen. Nehmen Sie dazu einen Spaten und stechen Sie ihn um die Pflanze ringsherum in die Erde. Nehmen Sie diese dann heraus und pflanzen Sie sie in einen passenden Kübel.

Der **Platz zum Überwintern** im Gebäude sollte möglichst kühl und hell sein. Dunkle Räume wie der Keller oder beheizte und somit trockene Räume eignen sich nicht. Wenn Sie drinnen keinen Platz haben, können Sie Ihre Kräuter auf dem Balkon möglichst nah ans Haus und auf eine Styroporplatte stellen. Da Kräuter in Kübeln jedoch schneller erfrieren können als im Beet, empfehlen wir Ihnen, sie mit Materialen wie Laub, Zweigen oder einem Jutebeutel zu bedecken.

Im Winter benötigen die Kräuter deutlich weniger Wasser. **Gießen** Sie sie ca. alle 14 Tage und achten Sie darauf, dass Sie nicht austrocknen.

Ist Ihnen das Umpflanzen der Kräuter zu mühselig, können Sie etwa Basilikum, Schnittlauch oder Petersilie einfach einfrieren. Thymian und Lavendel lassen sich am besten getrocknet aufbewahren. Diese Kräuter sind auch optisch ein Highlight.

UNTEN Der erste Frost ist zwar optisch reizvoll, einige Pflanzen sollten Sie jedoch schützen.

Ernten

Vor dem ersten Frost sollten Sie die letzten Tomaten und Kürbisse ernten. Ebenso ist es Zeit für die letzten Möhren, Rote Bete und Kartoffeln, bevor der Frost in den Boden eindringen kann.

Vor dem Frost

Noch vor dem ersten Frost sollten Sie **Sellerie** und **Wurzelpetersilie** ernten. Während Sie die Knollensellerie einfach am Laub aus der Erde ziehen können, sollten Sie bei der Wurzelpetersilie die Erde längs der Reihen vorher mit Spaten oder Grabegabel lockern, sodass Sie die Rüben herausziehen können. Übrigens können Sie sowohl bei Knollensellerie als auch bei der Wurzelpetersilie nicht nur die Frucht, sondern ebenso das Kraut in der Küche verwenden. Ob als Suppengrün, auf dem Salat oder in der Pastasauce: Beides riecht und schmeckt wunderbar intensiv.

Grüne Tomaten sollten roh nicht gegessen werden, weil sie das giftige Lycopin enthalten. Dieses verschwindet jedoch beim Kochen.

Unreife Tomaten können Sie aber auch abgedunkelt nachreifen lassen. Ernten Sie also die noch grünen Tomaten und legen Sie sie bei Zimmertemperatur auf Zeitung aus, die Feuchtigkeit aufnimmt. Decken Sie die Tomaten nun mit einem Eimer oder Ähnlichem ab, damit kein Licht auf sie fällt. Wenn Sie noch einen Apfel daneben legen, sind die Tomaten auch durch dessen ausgeströmtes Reifegas Ethylen nach wenigen Tagen rot. Haben Sie nur wenige Tomaten zum Nachreifen, können Sie diese auch einzeln in Zeitungspapier einwickeln. Alternativ können Sie die Blätter entfernen, die ganze Pflanze abschneiden und kopfüber im Heizungskeller aufhängen.

Gemüse, das Frost verträgt

Porree, Pastinaken, Grünkohl und Rosenkohl vertragen bzw. schätzen leichten bis mäßigen Frost sogar. Beachten Sie bitte, diese Kulturen trotzdem nur in frostfreien Perioden zu ernten, da sie ansonsten matschig werden.

Auch **Feldsalat** verträgt Frost, kann aber ebenfalls nur in frostfreien Perioden geerntet werden, indem Sie ihn kurz über dem Boden abschneiden. Das Waschen z. B. mit einer Brause fällt leichter, wenn die Pflänzchen dabei am Stück bleiben und sich nicht in einzelne Blätter auflösen. Nach dem Waschen können Sie den Feldsalat mit einem feuchten Tuch abdecken und so einige Tage im Kühlschrank lagern.

Bei frühen Sorten können Sie den **Grünkohl** bereits ab Anfang Oktober ernten, wenn er eine ausreichende Größe erreicht hat. Schneiden Sie dazu die Blätter mit einem scharfen Messer einzeln am Blattansatz ab und entfernen Sie anschließend den Strunk samt Wurzel aus der Erde, damit sich keine Krankheiten bilden können. Der Grünkohl lässt sich blanchiert sehr gut einfrieren, die frischen Blätter sind 3 bis 4 Tage im Gemüsefach Ihres Kühlschranks ebenfalls gut abgehoben. Entgegen der allgemeinen Auffassung, dass man mit dem Einfrieren der Blätter das spezielle Aroma des Grünkohls beeinflussen könne, ist es so, dass der

REZEPT: TOMATEN-CHUTNEY

- Etwa 1 kg grüne Tomaten
- 10 Knoblauchzehen
- 250 g Schalotten
- 3 Äpfel
- 500 g brauner Zucker
- 4 rote Peperoni
- je 1 EL Senfkörner und Salz
- 1 EL Salz
- 1½ EL Pfeffer
- 200 ml roten Balsamico
- 8 Lorbeerblätter
- 5 Gewürznelken
- 1 Msp. getrocknete Zitronenschale

1. Waschen Sie die Tomaten, vierteln Sie sie und entfernen Sie den Stielansatz. Wenn Sie größere Tomaten verwenden, empfehlen wir Ihnen, diese kleiner zu schneiden. Schälen Sie den Knoblauch und schneiden Sie ihn in feine Scheiben. Nun werden die Schalotten halbiert und in

Längsstreifen geschnitten. Würfeln Sie die Äpfel. Bitte beachten Sie, dass die Peperoni nicht entkernt, sondern einfach nur klein geschnitten werden.

2. Geben Sie alle Zutaten inklusive des gemahlenen Pfeffers in einen großen Topf und verrühren Sie die Zutaten. Lassen Sie alles zwei bis drei Stunden ziehen, bevor Sie es ca. 15 Minuten sprudelnd aufkochen. Füllen Sie das Chutney noch heiß in die Gläser.

dazu notwendige Stoffwechselprozess bei den gängigen Sorten bereits abgeschlossen ist, sobald der Grünkohl erntereif ist. Einfrieren hat also keinen Einfluss auf den Geschmack.

Bei frühen Sorten können Sie den **Rosenkohl** ebenfalls im Oktober ernten, wenn die Knospen eine ausreichende Größe erreicht haben. Brechen Sie die Knospen von unten nach oben einzeln ab, und lassen Sie die kleineren Röschen zunächst weiterwachsen. Sind die Knospen dann gleichmäßig ausgebildet, können Sie auch den ganzen Stängel mit den Röschen abschneiden. So ist der Rosenkohl etwas länger lagerfähig. Allgemein hält sich Rosenkohl im Gemüsefach des Kühlschrankes recht lange. Sollten sich die äußeren Blätter der Knospen verfärben und welken, entfernen Sie diese einfach vor der Zubereitung. Rosenkohl enthält Vitamin A, B_{12} sowie Eisen, Magnesium und Calcium.

GEMÜSE RICHTIG LAGERN

WÄHREND BLATTGEMÜSE WIE SPINAT UND MANGOLD ODER SALATE
RELATIV SCHNELL NACH DER ERNTE VERZEHRT WERDEN SOLLTEN, GIBT ES EINE
GANZE REIHE VON GEMÜSE, DAS SICH NOCH BIS TIEF IN DEN WINTER HINEIN LAGERN LÄSST.
DAFÜR GIBT ES EIN PAAR WICHTIGE, ABER EINFACHE REGELN.

Ein geeigneter Ort

Wohin also mit dem Gemüse, das nun in großen Mengen geerntet werden kann, aber nicht komplett verbraucht werden soll? Ab damit ins richtige Lager! Ziel während der Lagerung ist, den Stoffwechsel des Gemüses, der nach der Ernte weiterläuft, so weit wie möglich zu verlangsamen. Daraus resultiert, dass es im Lager dunkel, kühl und nicht zu trocken sein sollte. **Optimal sind Temperaturen um 5 °C und eine Luftfeuchtigkeit um die 90 Prozent.** Wie schon zu Großmutters Zeiten bieten Keller zumeist gute Bedingungen.

Haben Sie keinen geeigneten Keller, können Sie es auch mit der Lagerung in einer Kiste auf dem Balkon versuchen. Diese sollten Sie jedoch so konstruieren, dass keine Nässe in Form von Regen eindringen kann. Außerdem muss das Gemüse vor Frost geschützt sein. Letzteres lässt sich bis zu einem bestimmten Grad durch eine Abdeckung aus Laub, Reisig oder Decken bewerkstelligen.

Was darf ins Gemüsefach?

Gute Bedingungen bietet auch das Gemüsefach im Kühlschrank. Dies gilt jedoch nicht für wärme-

GEMÜSE LAGERN LEICHT GEMACHT

■ Ernten Sie am besten bei trockenem Wetter. Bei feuchtem Wetter steigt das Risiko, dass Ihre Ernte fault.

■ Gemüse mit Verletzungen oder faulen Stellen sollten Sie bald verbrauchen und nicht einlagern, weil sich die Faulstellen ausbreiten können.

■ Legen Sie Ihre Ernte nicht zu eng und in nur einer Schicht auf Holz- oder Kunststoffkisten. Wenn Sie die Kisten umdrehen, ist die Belüftung noch besser, als wenn Sie das Gemüse in die Kisten legen, da es so keine Wände gibt, die die Luftzirkulation stören.

■ Von Zeit zu Zeit sollten Sie das Lager lüften, das Gemüse nach Schimmel oder faulen Stellen kontrollieren und die betroffenen Exemplare aussortieren.

liebende und wasserreiche Gemüsearten wie Tomaten, Paprika, Zucchini, Erbsen oder Bohnen. Dementsprechend empfiehlt es sich, dieses Gemüse ein paar Tage in der Küche oder Speisekammer aufzubewahren.

Lagerung: gute Nachbarn – schlechte Nachbarn

Nicht nur im Gartenbeet – auch bei der Lagerung verträgt sich manches Gemüse besser und manches schlechter.

Eine alte Faustregel besagt, dass man Obst nicht neben Gemüse lagern sollte. Obst (aber auch Tomaten, Gurken, Blumenkohl und Paprika!) verströmt das Gas Ethylen, das den Reifeprozess beschleunigt. Zum Nachreifen z.B. von Tomaten können Sie sich also einen Apfel zunutze machen. Bei Gemüse, das nicht nachreift (wie Möhren, Rote Bete oder Rotkohl), verkürzt sich dadurch jedoch die Lagerfähigkeit.

Kohl mag's kühl

Kohl kann man übrigens mit Wurzel herausziehen und dann kopfüber aufhängen. Entfernen Sie vorher die welken Blätter. Ansonsten lässt Kohl sich drei bis vier Wochen problemlos im Kühlschrank aufbewahren – danach wird er welk.

Wurzelgemüse

Wenn Ihr Keller zu trocken ist, können Sie Wurzelgemüse wie Möhren oder Rote Bete auch in feuchten Sand einschlagen.

Das bedeutet, dass Sie eine Kiste zum Teil mit befeuchtetem Sand befüllen, dann eine Schicht Gemüse so einlegen, als solle es im Sand weiterwachsen, also mit dem Krautansatz nach oben. Wechseln Sie so viele Schichten Gemüse und feuchten Sand ab, bis die Kiste voll ist.

UNTEN Die verschiedenen Gemüsesorten haben unterschiedliche Ansprüche bei der Lagerung.

TIERE – HERZLICH WILLKOMMEN

EIN NATURNAHER GARTEN IST NICHT NUR OPTISCH ATTRAKTIV, ER WIRD AUCH LIEBER VON TIEREN BESIEDELT, DIE IHNEN EINE GROSSE HILFE BEIM GEMÜSEANBAU SEIN KÖNNEN: VON DER BLÜTENBESTÄUBUNG BIS ZUR SCHÄDLINGSVERTILGUNG. MIT KLEINEN TRICKS KÖNNEN SIE IHREN GARTEN SO GESTALTEN, DASS TIERE DORT UNTERSCHLUPF FINDEN.

Im Oktober kehrt im Garten langsam Ruhe ein und es gibt nur noch wenig zu tun. Ein guter Zeitpunkt also, um an die vielen kleinen Gartenhelfer zu denken. Praktischerweise fällt genau jetzt auch viel Material an, das Sie den zahlreichen Nützlingen zur Verfügung stellen können. Grundsätzlich finden Tiere dann bessere Lebensbedingungen, wenn der Garten nicht zu penibel aufgeräumt ist.

Dies bedeutet nicht, dass Sie ihn verwahrlosen lassen müssen, bedenken Sie jedoch, dass beispielsweise **Brennnesseln** Nahrungsgrundlage für viele Schmetterlinge sind, ein Steinhaufen Echsen und anderen Tieren Unterschlupf bietet – genauso wie eine Ecke mit Laub. Ein solcher Garten bietet zahlreiche Möglichkeiten, nützliche Tiere zu jeder Jahreszeit anzulocken und zu ernähren oder Ihnen einen Unterschlupf zu bieten.

UNTEN Insektenhotels sind nicht nur sehr nützlich, sondern auch dekorativ.

Haufen aus Laub, Ästen und Sand

Schichten Sie in einer windgeschützten Ecke doch einen größeren **Laubhaufen** auf. Dieser kann beispielsweise Igeln, Kröten und nützlichen Insekten in der kalten Jahreszeit als Heim dienen. Wenn der Laubhaufen sie optisch stört, können Sie ihn etwas abseits platzieren oder dafür eine hübsche Kiste verwenden, die jedoch vor allem von unten für Igel zugänglich sein sollte. Auch ein Haufen aus **aufgeschichteten Ästen**, die beim Baumschnitt anfallen, wird gerne angenommen. Im Frühjahr brüten vielleicht sogar Singvögel darin. Sogar ein **Sandhaufen** wird von Insekten, aber auch von Amphibien sehr gerne als Unterschlupf genutzt.

Insektenhotel

Räumen Sie auch abgestorbene Pflanzen erst im Frühling von den Beeten. Die oft hohlen Stängel dienen vielen Insekten als Winterquartier. Sie können sie auch gebündelt an einer Südwand aufhängen, schon haben Sie ein Insektenhotel! Wenn Sie die Bündel in einen Holzrahmen einfassen, sind sie noch stabiler. Viele Wildbienen, die im Gegensatz zu Honigbienen solitär, also nicht in einem Volk, leben, sind darauf angewiesen. Sie fliegen bei niedrigeren Temperaturen als die Honigbiene und sind damit wertvolle Bestäuber beispielsweise im zeitigen Frühjahr. Da die Stängel von den Wildbienen auch als Bruthöhle genutzt werden, gibt es dort im Sommer viel zu beobachten.

Ergänzen können Sie Ihr Insektenhotel mit Fächern, die sie unterschiedlich befüllen, z. B. mit Stroh oder Fichten- bzw. Tannenzapfen. Ein Fach, das Sie leer lassen und bis auf einen etwa 1 cm breiten Schlitz auch vorne verschließen, könnte von Schmetterlingen als Überwinterung genutzt werden. Oder noch einfacher: Nehmen Sie ein größeres Stück Holz und bohren Sie einige Löcher hinein – an einem sonnigen Platz wird auch dieser Lebensraum bald bewohnt sein.

Lehmmauern

Wenn Sie an einer sonnigen Stelle einen 50 cm hohen Wall aus Lehm formen, können Sie dort im nächsten Jahr zahlreiche Insekten bewundern. Wildbienen nutzen dies als Brutröhre, Schwalben benötigen Lehm als Nistmaterial. Dafür sollte der Lehmhaufen frei von Vegetation gehalten werden.

STACHELIGE FREUNDE

Igel sollten im naturnahen Garten üblicherweise genügend Nahrung finden. Wenn Sie trotzdem zufüttern möchten, können Sie auf Katzendosenfutter, unter das Sie ein paar Haferflocken oder Weizenkleie mischen, hartgekochte Eier und ungewürztes, gegartes Hack- oder Geflügelfleisch nehmen. Auch ein Schälchen mit Wasser kann helfen. Geben Sie Igeln niemals Milch, auch Obst vertragen die Fleischfresser nicht.

Vogelhäuschen

Zwar brüten die Vögel erst wieder ab dem nächsten März, Vogelhäuschen sind bei ihnen in strengen Wintern aber auch als Schutzraum vor Wind und Wetter beliebt. Und bei geschlossener Schneedecke sind Vögel für jede Futterstelle dankbar. Ansonsten können Sie ihnen beispielsweise durch stehen gelassene Blütenstände einiger Wildpflanzen Nahrung bieten.

Gemüse des Monats: Kürbis

MIT CA. 800 SORTEN GILT DER KÜRBIS ALS SYMBOL FÜR DIE VIELSEITIGKEIT UND LAUNENHAFTIG-KEIT DER NATUR. KÜRBIS IST ZUDEM DAS GEMÜSE MIT DEN GRÖSSTEN FRÜCHTEN.

Vielfalt

Als Speisekürbis sind Hokkaido, bei dem man sogar die Schale mitessen kann, und Butternut am üblichsten, während man zum Schnitzen eher die großen, runden Halloween-Kürbisse nimmt. Ebenfalls bekannt sind der länglich-ovale Spaghettikürbis, der seinen Namen vom faserigen Innenleben hat, und die Bischofsmütze, die man auch als Turbankürbis kennt. Die UFO-Kürbisse werden auch Patissons genannt und sind flach mit gewelltem Rand – manchmal werden sie zu den eng verwandten Zucchini gezählt.

Aussaat und Pflanzung

Kürbisse gehören zu den Starkzehrern, sodass Sie den Boden vorher düngen sollten, indem Sie beispielsweise eine Schicht Mist einarbeiten. Kürbisse sind wärmeliebend und können daher ab Mai im Freiland ausgesät und bis zu den ersten Frösten geerntet werden. Wenn Sie möchten, können Sie im Frühling Jungpflanzen vorziehen und diese dann ebenfalls ab Mai ins Freiland setzen.

Öfter sieht man Kürbispflanzen auf Kompost- oder Misthaufen. Da diese sich gut erwärmen und viele Nährstoffe haben, bieten sie sehr gute Wachstumsbedingungen für die Pflanzen. Als »Gegenleistung« schattieren die Kürbisse die Haufen, was wiederum deren Bedingungen verbessert.

Kürbisse benötigen mit ihren sehr langen Ranken viel Platz und daher einen Pflanzabstand von bis zu 150 × 150 cm. Sie wachsen gut in der Nähe von Sonnenblumen oder Zuckermais, da sie so etwas Schatten haben.

Pflege

Sobald sich Früchte bilden, haben Kürbisse einen erhöhten Wasserbedarf. Dies liegt auch an der Größe der Blätter, über die viel Feuchtigkeit ver-

UNTEN Kürbisse sind wärmeliebend und können bis zu den ersten Frösten geerntet werden.

dunstet. **Gießen** Sie die Pflanze allerdings gezielt am Wurzelbereich. Wenn Sie immer wieder die Blätter benetzen, erhöht sich die Gefahr, dass Ihr Kürbis von Mehltau befallen wird.

Auch wenn die Kürbisse eine Nachdüngung im Juni z. B. mit Brennnesseljauche begrüßen, können Sie die Kürbisse generell sich selbst überlassen und werden sogar überprüfen müssen, ob Sie dem **Wuchs Einhalt gebieten** wollen. Hierfür treten Sie entweder die Rankenden kaputt – sie sterben dann ab und wachsen nicht mehr weiter – oder schneiden die Ranken (immer wieder) ab. So ist die Pflanze gezwungen, sich auf die angesetzten Früchte zu konzentrieren, und kann keine Kraft in viele neue Früchte, die nicht ausreifen, vergeuden.

Auch wenn Ihre Pflanze viele Blüten ansetzt, müssen Sie damit rechnen, dass nicht aus jeder eine Frucht entsteht. Dies liegt zum einen daran, dass nur weibliche Blüten, die Sie an der Verdickung unterhalb der Blüte erkennen, dazu fähig sind. Ab und an faulen auch Früchte weg, wenn Sie noch klein sind. Entfernen Sie diese vorsichtig.

Ernte

Die Hauptsaison für die Kürbisernte ist im **September und Oktober**. Lassen Sie die Kürbisse möglichst lange draußen, so nehmen sie noch an Gewicht und Geschmack zu – vor dem ersten Frost müssen Sie sie jedoch ernten. Kürbisse sind **reif**, wenn sie beim Klopfen hohl klingen und die Schale nicht mehr mit dem Finger eingeritzt werden kann. Zudem ist der Stiel holzartig

eingetrocknet. Je intensiver die Farbe des Kürbis, desto vitaminreicher und geschmacksintensiver ist er.

Ernte

Vermeiden Sie Verletzungen bei der Ernte, weil sich sonst die Lagerfähigkeit deutlich verringert. Ernten Sie die Kürbisse zudem mit Stielansatz, da er sonst schnell anfangen kann zu faulen. Trennen Sie bei der Ernte einfach die Frucht mit einem kleinen Rest Stiel von der Pflanze ab.

Aufbewahrung

Sofern der Stielansatz nicht beschädigt ist, können Sie Kürbisse bis 15 °C problemlos lagern. Die Lagertemperatur ist also höher als bei den meisten Gemüsearten.

Kürbis lässt sich pikant-süßsauer einkochen. Für die Herstellung von Marmelade oder Chutney eignen sich vor allem Sorten mit faserigem Fruchtfleisch, wie z. B. Spaghettikürbis.

Schädlinge und Krankheiten

Die Jungpflanzen können von Schnecken heimgesucht werden (Abhilfe siehe Seite 39). Ansonsten wird die Lebensdauer der Pflanzen üblicherweise vom Echten und Falschen Mehltau begrenzt.

Nährstoffe

Kürbisse enthallten Vitamin A, Magnesium, Calcium, Kalium, Beta-Carotin und Eisen. Ebenso gesund, wenn auch weit kalorienreicher sind Kürbiskerne und das daraus gewonnene Öl.

DAS PASSIERT IM NOVEMBER

NOVEMBERWASSER AUF DEN WIESEN,

DANN WIRD DAS GRAS IM LENZE SPRIESSEN.

GUT ZU WISSEN

DIE GARTENSAISON IST SO GUT WIE ZU ENDE, DOCH ES GIBT DURCHAUS NOCH EIN PAAR SACHEN ZU ERLEDIGEN. DABEI RICHTET SICH DER BLICK NICHT NUR ZURÜCK, SONDERN AUCH SCHON AUF DIE NÄCHSTE SAISON.

So ist jetzt eine gute Zeit, um zu reflektieren, was gut war und was weniger – und die Planungen für das kommende Jahr darauf abzustimmen. Welches Gemüse habe ich vermisst, welches war doch nicht so ganz mein Geschmack? Gibt es Dinge, die ich ansonsten im Garten verbessern möchte? Machen Sie es wie die Natur und gehen Sie in sich, der November bietet sich dafür regelrecht an.

ÜBERBLICK: WAS LIEGT AN?

■ **Ernten:** Kartoffeln, Kopfkohl, Grünkohl, Rosenkohl, Porree, Wurzelpetersilie, Pastinaken, Feldsalat

■ **Pflegen:** Frostschutz, schwere Böden umgraben
■ **Sonstiges:** Garten winterfest machen

Ernten

Mit die längste Kulturzeit haben **Pastinaken** (etwa 160 bis 200 Tage). Nach der Aussaat bereits im März ist dieses schmackhafte Wurzelgemüse nun auch erntereif. Keine Sorge: Wenn es schon etwas Frost abbekommen hat, ist es umso besser, da es dadurch aromatischer wird.

Lockern Sie die Erde ähnlich wie bei Möhren oder Porree seitlich der Reihe mit einem Spaten oder einer Grabgabel und ziehen Sie die Rüben am üppigen Laub aus der Erde. Das große Laub ist auch dafür verantwortlich, dass Sie bei Pastinaken einen für Wurzelgemüse recht großen Reihenabstand von 40 cm einhalten sollten, in denen dann etwa alle 10 cm ein Exemplar heranwächst.

Die Pastinake feiert dieser Tage ein Comeback im Gemüsegarten, nachdem sie lange Jahre von der Möhre verdrängt gewesen war. In Großbritannien und den USA ist sie jedoch nie aus der Küche verschwunden.

Auch über den Winter werden Sie an frostfreien Tagen noch Feldsalat, Porree, Rosen- oder Grünkohl ernten können, bevor es langsam wieder Frühling wird, die Natur in den Startlöchern steht und es Ihnen sicherlich schon in den Fingern juckt, weil ein neues Gartenjahr bevorsteht.

REZEPT: PASTINAKEN-MÖHREN-GEMÜSE

- 500 g Möhren
- 500 g Pastinaken
- 2 Zwiebeln
- 2 EL Butter
- 2 EL Sesam
- 250 ml Gemüsebrühe
- 1 EL Zitronensaft
- Salz, Pfeffer
- 2 EL Crème fraîche
- 2 EL Petersilie

Möhren und Pastinaken waschen, schälen und in Stifte schneiden. Zwiebeln würfeln und in der Butter glasig dünsten. Den Sesam hinzugeben und kurz rösten, anschließend die Möhren und Pastinaken kurz andünsten. Mit der Gemüsebrühe ablöschen, Zitronensaft, Salz und Pfeffer hinzugeben und alles zugedeckt 15 Minuten kochen lassen. Crème fraîche unterziehen, abschmecken und mit Petersilie überstreuen.

Gesund durch den Winter

Zur Vorbeugung gegen Erkältung

Sie können Ihr Immunsystem stärken, indem Sie ausreichend trinken und viel Vitamin-C-haltiges Obst und Gemüse zu sich nehmen. Kochen Sie Ihr Gemüse nicht allzu lange, damit der Vitamin-C-Gehalt nicht abnimmt. Diese Gemüsesorten sind echte Vitamin-C-Bomben:

Vitamin-C-Gehalt pro 100 g:
- Petersilie   160 mg
- Grünkohl   105–150 mg
- Rosenkohl   90–150 mg
- Brokkoli   115 mg
- Paprika   100 mg
- Spinat   50–90 mg
- Rotkohl   50 mg
- Weißkohl   45 mg
- Wirsing   31 mg
- Kartoffel   17 mg
- Zwiebel   7 mg

Vitamine vom Fensterbrett

Auch im Winter gibt es Möglichkeiten, sich selbst mit frischen Vitaminen zu versorgen. Sie können etwa Radieschen, Rettich oder Asiasalat aussäen und die **Sprossen** bereits nach wenigen Tagen ernten. Die Aussaat ist kinderleicht: Plastikschale mit Watte oder Küchenpapier auslegen, gut wässern, Samen daraufgeben. Halten Sie die Keimlinge feucht, vermeiden Sie jedoch, dass sie im Wasser liegen. Wichtig ist, dass die Luft um die Keimlinge gut zirkulieren kann.

Zwiebel als Schleimlöser

Die Zwiebel ist ein bewährtes Hausmittel bei **Schnupfen** und wird gerne auch bei Kindern eingesetzt, um verschnupfte Nächte angenehmer zu machen. Die ätherischen Öle der Zwiebel können so gut inhaliert werden. Eine Variante ist eine Schüssel mit heißem Wasser und Zwiebel, bietet sich bei kleinen Kindern wegen der Verbrühungsgefahr aber weniger an.

Bei **Ohrenschmerzen** kann man eine Zwiebel kurz anbraten, in eine Socke füllen und diese auf das schmerzende Ohr halten.

Spitzwegerich: Schatz der Wildkräuter

Er wirkt **antibakteriell**, **hustenlindernd** und **entzündungshemmend**. Zudem ist er ein zuverlässiges Mittel bei **Insektenstichen**. Achten Sie beim Sammeln der Blätter darauf, dass sie nicht direkt am Wegesrand wachsen, wo die Schadstoffbelastung höher sein könnte oder Hunde eventuell ihre Notdurft verrichtet haben.

Zur Verarbeitung bietet sich ein **Smoothie** an: Nehmen Sie dafür eine kleine Handvoll Blätter Spitzwegerich, eine Banane, einen halben Apfel und eine halbe Gurke. Waschen Sie alles und zerkleinern Sie es grob. Dann geben Sie die Blätter, das Obst und die Gurke mit etwas Zitronensaft in den Mixer und bedecken Sie das Ganze zu etwa ¾ mit Wasser. Einige Minuten zu einer geschmeidigen Masse pürieren und anschließend ganz nach Geschmack verfeinern, beispielsweise mit Ingwer, Honig, Chia- oder Hanfsamen.

DEN GARTEN WINTERFEST MACHEN

ÜBERLASSEN SIE IHR GEMÜSEBEET NICHT NACKT UND SCHUTZLOS DEM WINTER.
AUCH WENN ES ÜBER DIE WINTERMONATE TRIST AUSSEHEN MAG – UNTER DER OBERFLÄCHE
SPIELT SICH SELBST DANN NOCH EINE GANZE MENGE AB. DIE RICHTIGE PFLEGE WIRD
SICH IN DER NÄCHSTEN SAISON AUSZAHLEN.

Natürliche Mulchschicht

Ein Ziel der Wintervorbereitungen ist also, den Bodenlebewesen auch in der kalten Jahreszeit Schutz, Nahrung und Beschäftigung zu bieten. Einer der guten Gründe, Ihre Erntereste auf dem Beet zu lassen! Sie bilden eine natürliche Mulchschicht, die zudem den Boden vor Erosion durch

UNTEN Säubern Sie Ihre Geräte vor dem Winter – das nächste Frühjahr kommt bestimmt!

Wind oder Regen schützt. So werden nicht nur weniger Nährstoffe ausgewaschen, sondern durch die Umsetzung des organischen Materials auch neue gebildet.

Wenn Sie Gemüse mit sehr großen und harten Rückständen wie Zuckermais oder Kohl mit seinen groben Strünken angebaut haben, empfiehlt es sich, dieses Material zu häckseln oder mit einer Gartenschere zu zerkleinern. Im nächsten Frühjahr können die dann noch übrigen Pflanzenreste in den Boden eingearbeitet werden.

Allerdings dient der Mulch auch Schnecken und nicht nur Nützlingen zur Überwinterung. Wenn Sie in der letzten Saison ein Problem mit diesen Schädlingen hatten, sollten Sie abwägen, ob Sie auf den Mulch verzichten und stattdessen Ihren Boden lieber nach Schneckeneiern, die meist in größeren Gelegen zu finden sind, absuchen und diese dann entfernen.

Frostgare

Sollten Sie sehr schweren Boden haben, empfiehlt sich die Frostgare. Graben Sie Ihre Beete grobschollig um und lassen Sie sie so über den

Winter liegen. So kann der Frost die Schollen aufsprengen, woraufhin der Boden feinkrümeliger und leichter zu bearbeiten wird.

Wohin mit dem Laub?

Lassen: Haben Sie Laubbäume in Ihrem Garten, dann stehen Sie womöglich vor der Frage, wo das ganze Laub am besten aufgehoben ist. Weil es eine ähnliche Funktion erfüllt wie die Mulchschicht auf Ihren Beeten, sollten Sie es unter den Bäumen und auf den Beeten belassen.

Entfernen: Nur der Rasen sollte vom Laub befreit werden. Es empfiehlt sich, dieses Laub zu kompostieren oder einen Teil davon auf die Beete zu geben. Vielleicht haben Sie auch einen geeigneten Platz, um aus dem Laub und Ästen einen Haufen aufzuschichten? Igel und andere nützliche Tiere freuen sich über solch ein Winterquartier.

Und das Equipment?

Auch Ihre Hilfsmittel und Geräte, die Ihnen über die Saison gute Dienste geleistet haben, können Sie auf den Winter vorbereiten.

Stellen Sie das **Wasser im Außenbereich** ab und lassen Sie die Hähne halb geöffnet, damit kein gefrorenes Wasser die Leitungen beschädigen kann. Aus dem gleichen Grund sollten Sie auch den **Gartenschlauch** komplett ausleeren oder ihn zumindest frostfrei lagern. Leeren Sie auch Ihre **Regentonne** und drehen Sie sie über den Winter um, damit sie keinen Schaden nimmt. Sollte dies nicht möglich sein (z. B. weil diese verbaut ist),

empfiehlt es sich, einige Holzstücke in das Wasser zu legen, die den Volumenzuwachs von Eis ein wenig aufnehmen können.

Ihre **Gartengeräte** sollten Sie sowohl von Schmutz als auch von Rost säubern und lagern. Bei bereits rostenden Metallteilen hilft Stahlwolle – einfach wieder blank polieren und danach mit einer dünnen Schicht Multifunktionsöl einreiben.

Werfen Sie auch einen Blick auf die Holzgriffe und -stiele Ihres Werkzeugs: Befestigen Sie lockere und ersetzen Sie zerbrochene Teile. Auch ein Holzpflegeöl kann nicht schaden.

Ebenso ist nun die richtige Zeit für Pflegemaßnahmen wie Fetten bzw. Ölen von Gelenken und Federn, z. B. von Scheren, Klingenschärfen (lassen) und Schraubennachziehen.

Bei **Benzinrasenmähern** wird in der Regel empfohlen, das Motoröl vor dem Winter abzulassen und im Frühjahr durch neues zu ersetzen. Auch sollten spätestens jetzt Grasreste entfernt und das Gerät, wie alle elektrischen oder motorisierten Helfer, gesäubert an einem trockenen Platz verstaut werden.

Denken Sie auch daran, Ihre **Kleidung** wie Gummistiefel, Handschuhe und Co. gründlich zu reinigen. Dann sind sie im Frühjahr von den Herbstspuren befreit und können jungfräulich ins neue Gartenjahr gehen.

So gut vorbereitet, kann der Winter kommen. Und natürlich auch bald wieder das nächste Gartenjahr.

Gemüse des Monats: Kopfkohl

ALS KOPFKOHL BEZEICHNET MAN DIE KOHLSORTEN, DIE EINEN SCHÖNEN RUNDEN
KOPF BILDEN. HIERZU ZÄHLT MAN IN DER REGEL WIRSING, WEISS- UND ROTKOHL. DA SIE SICH
IM ANBAU SEHR ÄHNELN, SOLL ES HIER UM ALLE GEHEN.

Insbesondere Weißkohlsorten werden anhand ihrer Erntezeit in verschiedene Gruppen eingeordnet. **Frühlings- und Sommersorten** bilden runde oder spitze, relativ kleine Köpfe und sollten unmittelbar nach der Ernte verbraucht werden. **Herbst- und Winterkohl** hingegen bilden festere Köpfe, vertragen die Kälte gut und können dementsprechend länger im Beet bleiben.

Aussaat und Pflanzung

Kohl verträgt sowohl Sonne als auch Halbschatten und benötigt einen Boden mit gutem Wasserhaltevermögen. Wichtig ist, dass der Boden fest ist, damit die Pflanzen später die Köpfe tragen können, die sehr schwer werden können.

Im Spätfrühling legt man die **Saaten für die Herbst- und Winterernte**, für frühere Ernten können Sie schon im Februar loslegen. Sehr wichtig bei Kohl ist eine Anzuchttemperatur von etwa 20 °C, da die Pflanzen sonst zum Schießen neigen. Unerfahrenen Gärtnern empfehlen wir daher, bei Kohl zunächst auf professionell vorgezogene Jungpflanzen aus dem Handel zurückzugreifen.

Sobald die Jungpflanzen 3 bis 4 Blätter haben, pflanzen Sie den Kohl im Abstand von 50 × 50 cm so tief ein, dass die Erde bis zu den Keimblättern reicht. Es empfiehlt sich, nach der Pflanzung anzuhäufeln oder einen schützenden Kohlkragen um die Jungpflanze zu legen, damit die Kohlfliege keine Eier legen kann. Da Kohl zu den Starkzehrern gehört, sollte der Boden gut gedüngt sein, beispielsweise mit Mist.

Pflege

Halten Sie die Jungpflanzen unkrautfrei und gießen Sie regelmäßig. Wenn es sehr trocken ist, sollten Sie dieses mehrmals wöchentlich tun. Ansonsten reichen ein bis zwei Mal pro Woche. Die kleinen Pflanzen dürfen nicht austrocknen.

Um ihre Standfestigkeit zu verbessern, sollten Sie die Stiele anhäufeln und welke Außenblätter regelmäßig entfernen. Nach ein bis zwei Monaten im Beet freut sich der Kohl über eine Düngung, z. B. mit Brennnesseljauche (siehe S. 88).

Bei stark schwankender Feuchtigkeit, wie zum Beispiel einem Starkregen im Anschluss an eine Trockenphase, kann es durchaus passieren, dass die Kohlköpfe aufplatzen. Aber keine Sorge: Sie sind dann noch essbar, sollten aber geerntet werden, damit sie nicht faulen.

Ernte

Wenn sich im Frühling oder Frühsommer junge Blätter zeigen, kann man diese ernten, noch bevor sich ein Herz bildet. Sie können aber auch warten, bis feste Köpfe gewachsen sind.

Um Kohl zu ernten, schneiden Sie den Kopf mit einem scharfen Messer knapp unter dem Kopf ab. Wenn Sie den Strunk in der Erde lassen, bilden sich an der Schnittstelle nach einiger Zeit neue Köpfchen, die deutlich kleiner als der eigentliche Kopf sind und geerntet werden können.

Damit sich keine Krankheiten ausbreiten, sollten Sie nach der Saison die Wurzeln jedoch ausgraben. Alternativ können Sie die Köpfe einfach samt Wurzel aus der Erde ziehen.

Aufbewahrung

Schneiden Sie die Kohlköpfe ab, entfernen Sie eventuell kranke Blätter, und lagern Sie die Köpfe an einem kühlen Platz in Netzen oder auf Regalen. Sie können Kopfkohl auch mit der Wurzel kopfüber aufhängen, sollten ihn (und auch anderes Obst und Gemüse) jedoch nie gemeinsam mit Äpfeln lagern, da der Kohl sonst welk wird.

Wie bei jedem eingelagerten Gemüse sollten Sie auch hier regelmäßig kontrollieren und eventuelle faule Stellen entfernen.

Außerdem empfiehlt es sich, die äußeren Blätter, falls sie bei der Lagerung unansehnlich werden, nicht zu verwerten.

Schädlinge und Krankheiten

Der bekannteste Kohlschädling ist der Kohlweißling, dessen Raupen dort oft zu finden sind. Aber auch andere Insekten legen ihre Eier in Kohl ab. Dies können Kohlfliegen, Kohleulen oder Kohlschaben sein, deren Larven Schaden anrichten. Wir empfehlen die regelmäßige Kontrolle Ihres Kohls und vorbeugend Schutznetze, die auch Vögel und Blattläuse fernhalten.

Wie bei allen Kohlsorten kann bei nicht eingehaltener Fruchtfolge die schwer zu bekämpfende Pilzkrankheit Kohlhernie auftreten.

Nährstoffe

Kohl enthält Ballaststoffe, Kalium, Calcium, Phosphor, Mineralstoffe (Eisen, Kupfer), Senföle, Vitamin A, B, C und K.

UNTEN Kopfkohl lässt sich gut lagern und liefert frische Vitamine im Winter.

MEIN GARTENTAGEBUCH

HIER FINDEN SIE PLATZ FÜR IHRE NOTIZEN. BENUTZEN SIE DAS GARTENTAGEBUCH GERNE ALS KOPIERVORLAGE, WENN SIE NICHT INS BUCH SCHREIBEN MÖCHTEN. WIR EMPFEHLEN IHNEN, IHR VORGEHEN SOWIE BEOBACHTUNGEN UND ERKENNTNISSE IMMER GLEICH ZU NOTIEREN, WEIL MAN DIESE ANSONSTEN IM LAUFE DES JAHRES DOCH OFT WIEDER VERGISST.

So können Sie am Jahresende ein kleines Fazit ziehen und sich überlegen, was Sie im nächsten Jahr anders machen wollen. Und auch wenn wir Ihnen in diesem Buch viele Tipps rund um Ihren Gemüsegarten geben, werden Ihnen sicherlich einige Dinge im Saisonverlauf auffallen, die Sie hier nicht finden, die Sie aber zukünftig für Ihren Garten nutzen können.

MÄRZ

APRIL

MAI

JUNI

JULI

AUGUST

SEPTEMBER

OKTOBER

NOVEMBER

Anhäufeln Beim Anhäufeln ziehen Sie Erde an die Pflanzen heran, sodass deren Basis bedeckt wird. Dies kann als Schädlingsschutz (wie bei Kohl), zur besseren Standfestigkeit (wie bei Kohl oder Zuckermais) oder damit kein Licht an die Pflanzenteile kommt (wie bei Porree oder Kartoffeln) nötig sein.

Ausgeizen Beim Ausgeizen brechen Sie alle Nebentriebe, die aus den Blattachseln des Haupttriebs einer Tomate wachsen, heraus. So kann diese ihre Kraft auf die Ausbildung der Früchte, die am Haupttrieb wachsen, konzentrieren.

Erosion Insbesondere wenn Boden nackt – also unbepflanzt – ist, ist er durch Erosion gefährdet. Dies ist die Abtragung durch Wettereinflüsse wie Wind oder Regen.

Fruchtfolge Um Bodenmüdigkeit vorzubeugen, Krankheiten zu vermeiden und somit eine bessere Ernte zu erzielen, sollten Sie gleiche Pflanzen nicht wieder an die gleiche Stelle setzen. Nach diesem alten Prinzip folgen (neben anderen Aspekten) immer Pflanzen aus einer anderen Familie den Vorgängerpflanzen.

Gründüngung Gründüngung ist der Anbau von Pflanzen, die Sie nicht ernten, sondern zur Bodenverbesserung nutzen. Die Pflanzen sollen den Boden lockern, ihn vor Erosion schützen und mit Nährstoffen anreichern. Bevor diese Samen ausbilden, werden sie in der Regel zerkleinert und umgegraben.

Hochbeet Im Gegensatz zum Gärtnern auf dem Boden erlaubt ein Hochbeet, in angenehmerer Höhe zu arbeiten. Zusätzlich bietet die Konstruktion noch den Vorteil, dass die Pflanzen durch die Erwärmung des Hochbeets schneller wachsen. Neben dem Preis bzw. dem Materialaufwand zählt als Nachteil, dass es öfters gewässert werden muss, als dies bei Bodenbeeten nötig ist.

Horstsaat Bei einer Horstsaat legen Sie nicht einzelne Samen, sondern gleich mehrere in eine Aussaatstelle. Dies ist typisch für Bohnen, Gurken oder Kürbisse.

Humus Humus ist ein wertvoller Bodenbestandteil, der durch die Umsetzung organischer Materialien wie abgestorbene Pflanzenteile oder Mist entsteht. Ziel im Gartenbau ist es in der Regel, den Humusanteil stets zu erhöhen. Humoser Boden weist sehr gute Stabilität auf, verfügt über viel Bodenleben und kann Nährstoffe gut speichern und liefern.

Jauche Neben der landwirtschaftlichen Jauche bezeichnet dies im Gemüsebau auch eine Brühe aus Pflanzen, die sich leicht selbst ansetzen lässt und zur Düngung, Pflanzenstärkung und Schädlingsabwehr dient.

Kapillare Dies sind kleine Röhren, die sich im Boden bilden. Durch Hacken zerschlagen Sie deren Verbindung zur Oberfläche, sodass deutlich weniger Wasser verdunsten kann.

Kreuzblütler Zu dieser Pflanzenfamilie gehören alle Kohlarten sowie Rucola oder Radieschen. Bei Kreuzblütlern ist es besonders wichtig, dass eine weite Fruchtfolge von mehreren Jahren eingehalten wird.

Leguminosen Die auch Schmetterlingsblütler genannte Pflanzenfamilie kann den Stickstoff, der in der Luft vorkommt, über Knöllchenbakterien an den Wurzeln für Pflanzen verfügbar machen und düngen so den Boden. Neben Bohnen und Erbsen gehören auch Lupinen oder Klee, aber auch Robinienbäume zu der Familie.

Lichtkeimer Manche Samen keimen besser, wenn sie nicht mit Erde bedeckt werden, da sie Licht für die Keimung benötigen. In diesem Fall genügt leichtes Andrücken oder auch eine dünne Sanddecke als Bedeckung. Zu den Lichtkeimern gehören Kopfsalat, Basilikum oder Sellerie.

Mulchen Mulchen bezeichnet die Bedeckung des Bodens mit organischem Material. Typische Mulchmaterialien im Gemüsegarten sind Erntereste, Laub, Rasenschnitt oder Stroh.

Pflanzabstand Der Pflanzabstand beschreibt den Abstand, den einzelne Gemüsepflanzen benötigen, um sich gut entwickeln zu können. Dementsprechend liefert er Hinweise zur optimalen Platzplanung bei Aussaat und Pflanzung. Ein Pflanzabstand von 30 × 25 cm sagt beispielsweise aus, dass zwischen den Reihen 30 cm Platz sein sollte und in der Reihe 25 cm zwischen den einzelnen Pflanzen.

Pikieren/Vereinzeln Hierbei verschafft man einzelnen Pflanzen mehr Platz. Dies ist sowohl in der Anzucht der Fall, wenn Sämlinge aus der Anzuchtschale in einzelne Töpfe gepflanzt werden, als auch bei Direktsaaten bei Radieschen, Rettich, Roter Bete oder etwa Möhren. Wenn die Aussaat zu dicht aufläuft, werden die zu dicht stehenden Pflänzchen herausgezogen, damit die verbleibenden die gewünschte Größe erreichen können.

Schießendes Gemüse Geht ein Gemüse ungewollt in Blüte, spricht man davon, dass es schießt. Während z.B. Tomaten, Zucchini oder Bohnen blühen müssen, um Früchte zu bilden, sollen beispielsweise Porree, Salat oder Mangold keine Blüten bilden, da dies die Ernte beeinträchtigt.

Schwach-, Mittel-, und Starkzehrer Gemüsearten lassen sich, je nach benötigten Nährstoffen, die sie dem Boden entziehen, in Schwach-, Mittel- und Starkzehrer unterteilen. Vor dem Anbau von Starkzehrern, zu denen Kartoffeln, Tomaten, Kürbisse, Zucchini, Gurken und Kohl zählen, sollte der Boden gut gedüngt werden, beispielsweise mit Mist.

Vegetationspunkt Dies ist die Stelle an einer Pflanze, an der sich das eigentliche Wachstum vollzieht. Jungpflanzen verfügen vorerst über nur einen Vegetationspunkt, der am Ende der Sprossachse liegt und aus dem die neuen Blätter entstehen. Bei einer Pflanzung sollte der Punkt auf jeden Fall immer über der Erde bleiben.

Vergeilen Steht eine Pflanze zu dunkel und entwickelt dadurch ein langes und dünnes Aussehen, spricht man vom Vergeilen. Dies sollte verhindert werden, da ein kompakterer Wuchs viele Vorteile mit sich bringt.

Wanda Ganders

Wanda Ganders lebt seit 2007 mit ihrem Ehemann und ihrer Tochter in Bonn und hat als gebürtige Bayerin das Rheinland inzwischen lieben gelernt. Ende 2009 hat sie zusammen mit Natalie Kirchbaumer »meine ernte« gegründet. Sie verbringt ihre berufliche und wenige freie Zeit gerne in der Natur und liebt es zu kochen. So kann sie durch »meine ernte« ihre Leidenschaften in vollen Zügen auskosten. Im »meine ernte«-Team ist Wanda Ganders Ansprechpartnerin für Funk und Fernsehen, betreut Kooperationspartner und plant Marketingmaßnahmen. Darüber hinaus verantwortet sie mit Markus Schmidt die Kundenbetreuung und sorgt so für glückliche Gemüsegärtner.

Kerstin Oldendorf

Seit 2012 ist Kerstin Oldendorf im »meine ernte«-Team. Die dynamische Bornheimerin ist gelernte Gärtnerin der Fachrichtung Gemüsebau und hat zudem erfolgreich Kommunikationsdesign studiert. Sie ist verheiratet, hat drei Kinder und ein sehr ausgeprägtes Faible für Technik. Neuerungen auf der Website oder bei Facebook, Pressekontakte oder handwerkliche Lösungen finden – das alles geht durch ihre Hände. Besonders die Gärtnerinnen und Gärtner in Nordrheinwestfalen, Hessen und Baden-Württemberg kennen und schätzen sie als engagierten Wirbelwind mit pragmatischen Lösungen. Vor ihrer Zeit bei «meine ernte« war sie in einem Gemüsebaubetrieb tätig und hat dort wichtige Erfahrungen gesammelt.

Natalie Kirchbaumer

lebt seit 2007 in Bonn, ist verheiratet und hat einen Sohn. Ende 2009 hat sie zusammen mit Wanda Ganders »meine ernte« gegründet. Seitdem hat sie das Unternehmen mit viel Herzblut und Arbeit aufgebaut und entwickelt es jeden Tag ein Stückchen weiter. Sie hat die Zahlen, Planung und Unternehmensentwicklung fest im Griff. Darüber hinaus besucht sie bestehende und akquiriert neue Betriebe. In ihrer Freizeit beschäftigt sie sich gerne mit dem Thema Ernährung. So fühlt sie dem Trend des Veganismus oder der Paleo-Ernährung durch Selbsttests auf den Zahn oder probiert leckere grüne Smoothies, bevor »meine ernte« die Rezepte an die Gemüsegärtner weiterempfiehlt.

Markus Schmidt

Markus Schmidt unterstützt das »meine ernte«-Team freiberuflich bereits seit 2011 und wurde im Herbst 2012 festes Teammitglied. Vor »meine ernte« arbeitete Markus u.a. auf der Domäne Dahlem, einem Freilandmuseum für Agrar- und Ernährungskultur mit ökologischem Schwerpunkt. Gebürtig aus Hessen, lebt und arbeitet er heute in Berlin und betreut dort die Gemüsegärten vor Ort, aber auch Hamburg, Hannover und Dresden liegen in seinem Hoheitsgebiet. Markus ist passionierter und ausgebildeter Gärtner und beantwortet mit viel Know-how und Herzblut die Fragen und Anrufe der »meine ernte«-Gärtner. Er erstellt auch die jährlichen Anbaupläne der Gemüsegärten und gibt während der Saison Workshops rund um die Gärten und das Gemüse.

Bildnachweis

Alle Fotos von Tammo Ganders und Kerstin Oldendorf, außer Africa Studio – shutterstock.com: 17o; Alexander Raths – shutterstock.com: 65m, 70; Anastasiia Malinich – shutterstock.com: 85; Andrew Rafalsky – shutterstock.com: 123r; Baumjohann: 43, 75m, 75r; Brooke Becker – shutterstock.com: 18u; Cbckchristine – fotolia.com: 37m; ConstantinosZ – shutterstock.com: 109; Denis and Yulia Pogostins – shutterstock.com: 56; Flora Press/BIOSPHOTO/Alexandre Petzold: 75l; Flora Press/BIOSPHOTO/Frédérique Bidault: 33l; Flora Press/BIOSPHOTO/Gilles Le Scanff & Joëlle-Caroline Mayer: 92; Flora Press/BIOSPHOTO/NouN: 66; Flora Press/BIOSPHOTO/Pascal Greboval: 18o; Flora Press/BIOSPHOTO/Philippe Giraud: 77l; Flora Press/Caroline Bureck: 52r; Flora Press/Christine Ann Föll: 36l, 82; Flora Press/FocusOnGarden/Borstell: 5r; Flora Press/gartenfoto.at: 97l; Flora Press/Gary Smith: 68r; Flora Press/Gudrun Peschel: 95; Flora Press/Helga Noack: 89l; Flora Press/Jane Sebire: 89r; Flora Press/MAP: 34r, 67r; Flora Press/Nova Photo Graphik/: 106; Flora Press/Otmar Diez: 31mr, 73l; Flora Press/Royal Horticultural Society: 128; Flora Press/Sabine Jacobs: 104l; Flora Press/Visions: 60; fotoknips – shutterstock.com: 34m; Fotokostic – shutterstock.com: 80l; Getty images/Mark Winwood: 36r; JeniFoto – shutterstock.com: 76l; Joel Gustafsson – shutterstock.com: 99l; kospet – shutterstock.com: 125; Loren L. Masseth – shutterstock.com: 126; Mauritius images/Alamy: 30mr, 39, 40, 64l; Mauritius images/Garden World Images: 97r; Mauritius images/Orédia: 38; Mekt – shutterstock.com: 65l; mguttman – shutterstock.com: 116; Nigel Cattlin/Holt Studios/OKAPIA: 30ul; Norman Chan – shutterstock.com: 104r; Ollinka – shutterstock.com: 99r; pixinoo – shutterstock.com: 78r; Rita van den Broek/KINA/OKAPIA: 29ur; Sandra van der Steen – shutterstock.com: 16; sarsmis – shutterstock.com: 131; schankz – shutterstock.com: 19o; Sergio Stakhnyk – shutterstock.com: 19u; siraphat – shutterstock.com: 17u; SJ Allen – shutterstock.com: 29or; SP-Photo – shutterstock.com: 62; StockFood / Bauer Syndication: 91; StockFood / Newedel, Karl: 121; Strauß: 10/11, 32l, 33r, 34l, 44/45, 46, 52l, 54, 80r, 84, 94, 101, 118, 123l, 132, 135; Sue Robinson – shutterstock.com: 119; tanya_emsh – shutterstock.com: 77r; Timmermann: 37r, 124; TwilightArtPictures – shutterstock.com: 65r; Valerio Pardi – shutterstock.com: 105; Vlastimil Kuzel – shutterstock.com: 64r; Yulia Furman – shutterstock.com: 124

Grafiken: Kerstin Oldendorf

Impressum

Bibliografische Information der Deutschen Nationalbibliothek

Die Deutsche Nationalbibliothek verzeichnet diese Publikation in der Deutschen Nationalbibliografie; detaillierte bibliografische Daten sind im Internet über http://dnb.d-nb.de abrufbar.

BLV Buchverlag
GmbH & Co. KG
80636 München

© 2016 BLV Buchverlag GmbH & Co. KG, München

Umschlagkonzeption und -gestaltung: BLV-Verlag
Umschlagfotos: Vorderseite: Plainpicture/Kniel Synnazschke
Rückseite: pixinoo – shutterstock.com (links); Tammo Ganders und Kerstin Oldendorf (Mitte); Baumjohann (rechts)

Co-Autor: Sandra Hachmann
Lektorat: Danièle Böhm, Sandra Hachmann
Herstellung: Ruth Bost
Layoutkonzept Innenteil und DTP: griesbeckdesign, München

Gedruckt auf chlorfrei gebleichtem Papier

Printed in Germany
ISBN 978-3-8354-1499-0

Hinweis

Das vorliegende Buch wurde sorgfältig erarbeitet. Dennoch erfolgen alle Angaben ohne Gewähr. Weder Autoren noch Verlag können für eventuelle Nachteile oder Schäden, die aus den im Buch vorgestellten Informationen resultieren, eine Haftung übernehmen.

 www.facebook.com/blvVerlag

Erfolgreich ernten – das ganze Jahr

Jutta Wagner, Annette Wendland, Karen Liebreich
Selbstversorger-Garten
Monat für Monat die wichtigsten Aufgaben im Nutzgarten: Aussäen, Pflanzen, Pflegen, Ernten. Pro Monat zusätzlich: Rezept- und Kreativ-Ideen, die zum Ausprobieren motivieren. Praxistricks, die Anfängern das Gärtnern erleichtern: Obstbaumschnitt, Gartengerätepflege usw. Extra: Aussaat- und Erntekalender für Einsteiger.
ISBN 978-3-8354-1459-4